獻給我的外孫

湯米·韋爾奇（Tommy Welch）

賓·韋爾奇（Ben Welch）

傑克·韋爾奇（Jack Welch）

力斯·韋爾奇（Lexi Welch）

奎因·威爾遜（Quinn Wilson）

他們使我的生命再次充滿童年的喜樂。

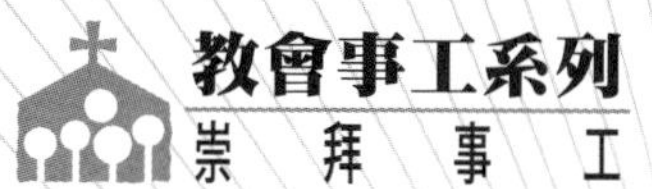

時間 歷久常新

教會年曆與靈命塑造

Ancient-Future Time

Forming Spirituality Through the Christian Year

Robert E. Webber

韋柏 著

陳永財 譯 周君善 學術校閱

▼

教會事工系列 · 崇拜事工

時間：歷久常新

教會年曆與靈命塑造

Ancient-Future Time

Forming Spirituality Through the Christian Year

作者
韋柏 Robert E. Webber

譯者
陳永財

學術校閱
周君善

責任編輯
余雪

裝幀設計
奇文雲海 · 設計顧問

■

出版 / 發行
基道出版社
香港沙田火炭坳背灣街 26 號富騰工業中心 10 樓 1011 室
LOGOS PUBLISHERS
Unit 1011, 10/F, Fo Tan Ind. Centre, 26 Au Pui Wan St., Shatin, Hong Kong
電話：(852) 2687-0331　傳真：(852) 2687-0281
網址：https://www.logos.com.hk

承印
陽光（彩美）印刷有限公司

●

10/2014 初版
Cat. No. LP382A
ISBN: 978-962-457-489-0

刷次	10	9	8	7	6	5	4	3	2
年份	2030	2029	2028	2027	2026	2025	2024	2023	

歷久常新系列導論

這本書《時間：歷久常新——教會年曆與靈命塑造》（*Ancient-Future Time: Forming Spirituality Through the Christian Year*）屬於歷久常新系列。在這個系列的每一本書中，我都從一個特定的觀點，提出一個與信仰及基督徒踐行有關的問題，也就是從過去吸取智慧，並將這些洞見轉化成教會現在和未來的生命——她的信仰、崇拜、事奉、靈性。

在這些書中，我以今天教會三個十分重要的探索為背景，來處理現時的議題。首先，這些書針對教會欲從聖經和古典傳統中，發現信仰的根源這個渴望。我肯定聖經是所有關於踐行信仰的事情之終極權威。不過，我沒有忽視信仰在教會中的發展，而是吸收古代教父的基礎詮釋、信經、古代教會的踐行。這些是基督教的真理得以概述和闡述的來源，用以對抗異端的教導。

第二，這個系列委身於教會現時對合一的追求。因此，我縱覽整個教會歷史，包括她的眾多呈現方式——東正教、天主教、新教——特別是改革宗和福音派，像衛斯理（John Wesley）和愛德華滋（Jonathan Edwards）等人。我將這些傳統的洞見融入書中，讓讀者明白其他深切委身的基督徒在其他地方和時間，怎樣思想和活出信仰。

最後，我利用這些聖經的古老根源和基督教歷史中的洞見、踐行，構成處理今天教會面對的第三個問題的基礎，這個問題是：怎樣在二十一世紀新的文化處境中，傳遞過去的真實信仰和偉大智慧？我主張，教會通往未來的路，不是以創新開始；通往未來的路，穿越過去。

這三件事——在日新月異的世界中的根源、連繫、傳統——會在教會向前走時，幫助我們延續具歷史性的基督教。我希望我從過去採集，然後於現在轉化和採納的，會在我們時代的新文化景況中，對你的事奉帶來益處。

致　謝

沒有人能夠感謝有助於他們寫作一本書的所有來源和人物。很多沒有提到的書籍、人物甚至機構，都模塑了我的生命，挑戰我在教會進入後基督教（post-Christian）世界時，對她的工作變得敏銳。我在這裏只提及很少人和機構，絕對沒有減低我對沒有提到名字的人和機構的感激。

首先，我需要感謝北部神學院（Northern Seminary）委任我為威廉．邁爾斯及傑拉爾丁．邁爾斯（William R. and Geraldyne B. Myers）教席事工教授。神學院慷慨地授予我這個教席，大大減低了我的教學量，容許我有更多時間寫作。我同樣感激貝克出版社（Baker Books），特別是霍薩克（Robert Hosack）對這個系列的支持，並給我自由，以反映我的信念的方式撰寫這本書。

接著，我要多謝那些鼓勵我，幫助我進行研究、改寫、編輯這本書的人。我要特別感謝施蒂克（Lois Stück）和艾倫（Chad Allen）細心的編輯；也要多謝北部神學院的吉申（Ashley Gieschen）和威爾森（Barbara Wixon）樂意相助。最後，而且同樣重要的是，我十分感激我太太喬安妮（Joanne），她給我花很長時間寫作和編輯的自由。如果沒有這份自由，這本書只會是沒有實現的空想而已。

中文版導讀

這並不是一本單純介紹教會年曆（Christian Year）的書，而是討論如何幫助教會及信徒透過踐行教會年曆使靈性得著成長的書。所以，全書的焦點並非停留在認識教會年曆，而是信徒的屬靈生命。作者所關心的，不僅是讀者能否明白教會年曆背後的屬靈意義，更不僅是教會能否以教會年曆去編排每週崇拜的內容，他更關心信徒的屬靈生命是否能透過教會年曆與基督的生命結連，經驗基督的道成肉身、受死及復活的生命，讓基督的生命內住在信徒的生命中。這樣，信徒就能活出上帝所期望的生命，這也是歷世歷代教會一直努力的方向。

本書主要分為兩部分：光的週期（The Cycle of Light）及生命的週期（The Cycle of Life），基本上是以耶穌的出生及耶穌的死亡作為分界。這兩個週期分別各由三個節期組成。「光的週期」是記念耶穌出生的節期，有將臨期

（Advent）、聖誕期（Christmas）、及顯現期（Epiphany），三個節期都有光的元素在其中。「生命的週期」是記念耶穌死亡的節期，有預苦期（或稱大齋期；Lent）、復活期（Easter）及聖靈降臨期（After Pentecost），展現耶穌生平的重要時刻。作者簡單扼要地介紹了各節期的聖經主題及禮儀的傳統，並在每章最後列出清楚的圖表、禱詞以及反省的問題，供個人及教會使用。

本書第一章至為重要！作者闡明了教會年曆與信徒屬靈生命之間的密切關係，有系統地將兩者作了透徹的剖析，使所有關心自己靈命成長的信徒看到一條可以依據的路徑，一步一步建立與主聯合的生命。

對「靈性」最簡單的描述，就是「與主聯合」的生命，是與主同死、同埋葬、同復活的生命；而這與主聯合的生命最具體的呈現，便是信徒的浸禮（又稱洗禮）——「我們若在他死的形狀上與他聯合，也要在他復活的形狀上與他聯合」（羅六5）。早期教會就是以基督的受死和復活作為每週崇拜的主要內容，並每年有系統地將基督的出生、事奉、受死、復活升天等事迹有規律地編排，幫助信徒建立與主聯合的生命。所以，教會年曆的屬靈觀以基督為中心，使耶穌基督救贖的恩典成為信徒生命更新的泉源。教會，扮演著一個重要的橋梁角色，讓世界認識基督一生對世人的重要性。教會崇拜，帶領會眾回憶基督已完成的救贖工作，以及預嘗基督將要帶給世界的新景象。所以，教會崇拜肩負著一個重要又具意義的任務：承先啟後；一方面將基督的事件不斷在教會每週的崇拜中重演；另一方面，將人帶到基督救贖的豐富恩典中，與祂聯合，得以進入新的關係。怎樣達成？將這個對世界重要的救贖計劃——基督的出生、死亡、復活，在教會崇拜中有系統地重複呈現出來，是教會年曆的主要內容，也是教會年曆的屬靈意義。作者在書中也這樣說：「踐行教會年曆有助調整我們內在的屬靈經驗，使我們每日經驗與基督的聯合。」

一般信徒沒有做好「時間」的管家，也忽略了時間與屬靈生命成長的密切關係。美國的富蘭克林（Benjamin Franklin）曾說過：「時間就是生命。」的確，時間與我們的生命有密切的關係。從一個人怎樣運用時間，就可看出其人生觀。一個人認為一件事重要，就會對其投放更多時間，而且往往會優先處理這件事。一個基督徒在安排每年的工作及假期時，是按著甚麼準則？以家庭為先？以個人的喜好為先？一個基督徒每年最重視的日子是甚麼呢？自己的生日？結婚週年？情人節？母親節？還是教會的節期？為何踐行教會年曆與信徒的靈性有關？教會年曆是一個以基督為中心來安排的時間表，忠心跟著教會年曆的信徒，不知不覺會形成一個以基督為中心的生活樣式，而靈命就會漸漸成長。如果教會一年五十二個主日不是以基督為中心，那是以甚麼為中心呢？教會事工？世俗的節期？還是以該堂會的牧者的個人喜好為中心呢？

周君善
美國羅拔韋柏崇拜研究學院崇拜學博士
筲箕灣潮語浸信會主任牧師

目　錄

圖表目錄

導　論

我寫《時間：歷久常新》，是為了介紹教會年曆（Christian year）和它調整的靈性（spirituality）。正如副題顯示，這本書的目標是幫助個別信徒和地方教會明白，他們的屬靈生命，可以怎樣透過踐行教會年曆而得到模塑。我引用聖經和教會的古老踐行，向讀者顯示：個人靈修和集體的屬靈敬拜，可以怎樣根據教會年曆調整。

我們活在文化和靈性的重大轉折時期，在這個時期，很多基督徒都厭倦了由文化和世界模塑的信仰。很多福音派信徒，無論老少，都追尋過去，希望找到模塑靈性的方法，是深深影響很多代人的屬靈生命的。基督徒對節期的踐行，是古代靈性其中一種最有力的方式，教會現時正重新發現這種踐行。

由於這本書的目的，是鼓勵個別信徒和教會羣體踐行教會年曆靈性，因此我沒有處理教會年曆的歷史來源這個問題，也沒有追尋教會年曆在歷代的發展。想取得這些資料的讀者，可以參考我在書目中列出的書籍。

我希望這本書成為一本入門書籍。為了幫助初學者開始古老的操練，我在每一章結尾都附加了一個圖表。這些圖表總結了每一章的重點，讓讀者可以很快地重溫。在這之後是一個節期的禱告，然後是供個人或集體思考的問題。最後有一些供講道和崇拜使用的資源，這些資源都選自《教會年曆的聚會》（*Services of the Christian Year*）這本書，包括關於教會年曆的經文、禱文、認罪、音樂和藝術，以及聚會的範例。

請閱讀和思想「**教會年曆靈性一瞥**」圖表開始你對教會年曆靈性的追尋，這會讓你很快對整個操練有一個概括的認識。你深入研究接下來各章的節期時，它可以幫助你記住整個年曆。

我希望你會發現教會年曆那深刻的福音本質，為你個人的生命找到屬靈啟發，並為教會的崇拜找到有用的古老資源。

表1：教會年曆靈性一瞥

節期	重點	屬靈挑戰
將臨期（Advent；即將臨到）	為迎接基督在歷史終結和在伯利恆來臨準備就緒（聖誕期前的四個主日）。	悔改，並預備基督再來。讓對彌賽亞來臨的渴望在你心中萌生。
聖誕期（Christmas）	以色列的渴望實現了。彌賽亞已經來臨。預言應驗了。世界的救主已經來到（十二月二十五日至一月五日）。	接受道成肉身的靈性，讓基督在我們裏面以新的方式誕生。
顯現日（Epiphany；顯現）	耶穌不單身為猶太人的救主，也身為全世界的救主顯現（一月六日）。	重新委身，讓耶穌在你生命中，並透過你的生命顯現。
顯現日後（After Epiphany）	在基督透過神蹟奇事顯現自己為上帝的兒子這事奉旅程中，與祂同行（一月六日後至預苦期開始）。	學習透過生命和行為的見證，彰顯基督的生命。
預苦期（Lent；意為春天；編按：又稱大齋期）	與耶穌一起走向祂的死亡。雖然耶穌不斷受到攻擊，但祂有效地服事羣眾。預苦期跟隨這山雨欲來的時刻（由聖灰日〔Ash Wednesday〕，即復活期前六個半星期開始，包括棕枝主日〔Palm Sunday〕，在受難週〔Holy Week；編按：又稱聖週〕的星期四日落時結束）。	預苦期是透過自省而悔罪、與耶穌的旅程感同（identify with）而更新之時。這是禱告、禁食、施捨的時候。

節期	重點	屬靈挑戰
偉大的三天（The Great Triduum／The Three Great Days）	救恩歷史中最關鍵的時刻。教會在崇拜中回想濯足日（Maundy Thursday；編按：又稱立聖餐日）和受難日（Good Friday；編按：又稱受苦節）事件。星期六晚上的逾越節守夜（The Great Paschal Vigil）以復活的聖餐結束（受難週的星期四、星期五、星期六）。	偉大的三天是禁食和禱告的時候。我們委身於依照耶穌死亡和復活的樣式生活，這是我們受洗歸入的生活樣式。
復活期（Easter；基督教的逾越節〔Passover〕——在初期教會稱為逾越奧祕〔paschal mystery〕）	歡慶耶穌為了拯救世界受死和復活這偉大的拯救事件。這是教會年曆最重要的事件，也是所有教會年曆靈性的來源（長達五十多天，包括升天日〔Ascension Day〕，並在聖靈降臨節〔Pentecost；編按：又稱五旬節〕結束）。	這是屬靈生命的來源。我們蒙召在耶穌的死中向罪死，並在復活的靈性中向聖靈的生命復活。
聖靈降臨期（After Pentecost）	教會在聖靈降臨節主日聖靈來臨時誕生。聖靈降臨期見證著福音的傳播和增長，以及初期教會遇到的考驗（由聖靈降臨節主日〔Pentecost Sunday〕至將臨期開始——大約六個月時間）。	接受教會的教導，深究上帝在歷史中的拯救事件的真理。

編按：顯現期後至預苦期開始，以及聖靈降臨期至將臨期開始，這兩段時期同屬常年期（ordinary time），其他時間則屬非常年期（extraordinary time）。

第一章

調整你的屬靈生命

我們可以那麼堅定地談及禮儀年（liturgical year）的內在價值，是因為我們與基督自己一起歡慶它。教會年曆的特質，完全來自主自己主導它，主為了父的榮耀，且與教會一起歡慶祂的奧祕。

諾桑（Adrian Nocent）

我經常與太太談及我們在電視看到的廣告。廣告似乎訴諸我們的文化那種「你可以免費得到一些東西」的心態。購買這種護髮用品、這個榨汁機，或者這輛汽車，它們就會改變你的生命。那產品本身的效能，不及它帶來的那種美滿人生的願景吸引。

廣告以這種方式暗示，生命中的好東西會輕易落入你懷中。但經驗告訴我們，事實並非如此。我們需要努力爭取我們想要的東西。例如教育需要長年投入的學習和紀律。同樣，品格來自選擇做正確的事情，例如誠實、正直、忠誠這些德性，要求意志持久的選擇。大部分人都知道，如果我們要獲得任何好東西，必須透過嚴謹有序的努力，對生命中一般事物如此，對靈性亦然。但靈性是甚麼？

甚麼是靈性？

客觀靈性

首先，我們需要區分客觀靈性和主觀靈性。客觀靈性是我們在上帝面前的身分，那是**賜予**（given）的靈性，是恩賜。由於我們有罪，我們不能賺得或取得與上帝的關係。是上帝，而且只有上帝，透過耶穌基督的工作與我們建立關係。上帝成為人，為我們做我們自己不能為自己做的事。當上帝在耶穌基督裏成了肉身時，上帝為罪付上代價，制伏邪惡的力量，除去死亡，開始新的創造。以祂的死亡和復活，拯救我們脫離與上帝的隔絕（alienation），恢復我們與祂的關係——這就是保羅、初期教父、改教者、福音派覺醒運動（Evangelical Awakening）的領袖，例如法蘭西斯（St. Francis）、衛斯理（John Wesley）和葛培理（Billy Graham）傳講的福音。

保羅極恰當地描述了這種客觀靈性：

> 然而，上帝既有豐富的憐憫，因他愛我們的大愛，當我們死在過犯中的時候，便叫我們與基督一同活過來。你們得救是本乎恩。他又叫我們與基督耶穌一同復活，一同坐在天上，要將他極豐富的恩典，就是他在基督耶穌裏向我們所施的恩慈，顯明給後來的世代看。**你們得救是本乎恩，也因著信；這並不是出於自己，乃是上帝所賜的**；也不是出於行為，免得有人自誇。我們原是他的工作，在基督耶穌裏造成的，為要叫我們行善，就是上帝所預備叫我們行的。
>
> 弗二 4～10（強調為後加）

主觀靈性

另一方面，主觀靈性源自我們對上帝恩典的回應。《尼西亞信經》（*Nicene Creed*）稱聖靈為「生命的賜予者」（giver of life），祂激發我們的意志，去接受操練，這些操練表達了我們與上帝的關係。透過這些操練，我們經歷與上帝的合一，這合一，是上帝自己透過基督的工作，以及聖靈賜生命的力量而建立的。

聖經教導我們，主觀靈性是對上帝恩典的回應，此言不容置疑。使徒保羅以它為自己生命的中心主題，他說：「我活著就是基督」（腓一 21）。他渴望自己的生命，藉著向自己死，向在基督裏的新生命活，從而符合基督的樣式（西二 12～13）。由於保羅視基督為第二亞當，是蒙救贖的人性的最終實在（definitive reality；羅五 12～21），他宣稱在基督裏的我們要像祂。我們要分擔祂的苦難、我們要在祂的死亡中像祂、我們要認識祂復活的能力（腓三 10）。

經驗主觀靈性的關鍵，體現在保羅於幾個複合動詞上面加上「**與**」（with）這個字：我**與**基督一同受苦、**與**基督同釘十字架、**與**基督同死、**與**基督同埋葬、**與**基督一同復活、**與**基督一同升天、坐在父右邊（羅六 3～11；林後一 5，四 14；加二 19～20；弗二 5～6；西二 20）。保羅在這裏描述的是一個深刻的經驗，是與基督的關係，也是我們選擇的結果。扼要地說，那信息是：我必須「披戴基督」（加三 27）。也就是說，我要融入基督；我要在基督裏面（in Christ）、與基督結連（with Christ）、透過基督（through Christ），並且由基督（by Christ）模塑我的生命。我要經驗保羅見證「我已經與基督同釘十字架，現在活著的不再是我，乃是基督在我裏面活著」（加二 20）時所經驗的。但我們可以在哪裏，找到我們與耶穌基督聯合的比喻、意象呢？

洗禮：客觀靈性和主觀靈性的意象

保羅將客觀靈性和主觀靈性，在洗禮的意象中結合。

在保羅的著作中，洗禮揭示上帝的恩典，在其中，我們與耶穌聯合；它也顯示基督徒生活的樣式，在其中，我們在持續的聯合中與祂同行。

我們受洗歸入耶穌的死亡和復活。藉著祂的死亡，祂勝過死亡；藉著祂的復活，祂更新一切。洗禮的靈性（baptismal spirituality）就是向罪死和向新生命復活。保羅寫道：「所以，我們藉著洗禮歸入死，和他一同埋葬，原是叫我們一舉一動有新生的樣式，像基督藉著父的榮耀從死裏復活一樣。」（羅六4）想一想這點！在憑信心接受洗禮這簡單的行動中，我們進入基督的死亡和復活的深刻意義。基督進入我們裏面，我們進入祂裏面。我們現在蒙召根據祂的死亡和復活的樣式生活。教會年曆靈性幫助我們活在我們的洗禮中，因為它最終調整我們的生命，成為向罪死和在基督裏向新生命復活的樣式。

教會年曆作為屬靈生命的樣式

本書提出對教會年曆的歷史理解（historical understanding），作為與基督一同死亡和復活這個生活樣式的根據。這個屬靈傳統在初期教會建立，並透過教會崇拜在歷史中傳遞下來。它得到聖經認可，歷久不衰，也適用於當代。透過教會年曆靈性，我們能夠經歷聖經要我們成為基督的樣式這個使命（mandate）。透過將臨期、聖誕期、顯現期、預苦期、受難週、復活期、聖靈降臨期，教會年曆使我們在基督道成肉身的事奉、死亡、埋葬、復活、再來中，與基督聯合。在教會年曆靈性中，我們藉著回想（recalling）和參與（entering）祂偉大的拯救事件，從而模塑靈性。

這本書不單描述教會年曆，也闡釋教會年曆可以怎樣形塑屬靈生命和模塑會眾的靈性。它顯示教會年曆的踐行怎樣整合我們內在的屬靈經驗，並令我們日常的經驗與基督聯合。

模塑屬靈生命的失敗經驗

在闡述「透過教會年曆調整屬靈生命」這個主題前，我想反思自己以前設法將自己的生命，變為**與**基督**結連**的生命的經驗。我的印象是，我自己跌跌撞撞的經驗是我們大部分人都有的。因此，我認為你也會認同我自己經驗中的一些例子。

就我記憶所及，人們告訴我，基督應該在我生命的中心。小時候，我睡房牆上有一塊牌，上面宣告：「匆匆一生，很快會過去；只有為基督所做的事，才會永存。」我每天都看到這句話，它將一個要求高的信息刻在我的生命中，留下持久的印記。教會也鞏固這個信息，特別是主日晚上唱的歌，例如：「效法耶穌，我歌詠，在羣眾或家庭中；效法耶穌慎始終，我要效法耶穌。」[1] 我蒙召與基督建立持續的關係，但人們也告訴我，獲得靈性的方式，是透過行為準則（behavior code）：「不要做你在耶穌面前做會感到羞恥的事情，不要去你不會帶耶穌去的地方」——舊版「耶穌會怎樣做？」（What would Jesus do?）。當然，這些都是好的勸誡，我不否認它們的價值。但你怎樣在生命中實行出來呢？你怎樣才能「效法主」？你的生命怎樣才能成為**與**基督**結連**的生命？

在我成長的基要主義傳統中，這表示你不去看電影、不吸煙、不喝酒、不玩撲克牌、不講色情笑話、不與非基督徒來往。在積極方面，那表示你要持守貞潔、誠實、順服、節儉、有禮，而且做每一件事都要努力。雖然我現在覺得這張**應做**和**不應做**的清單頗為表面，但我確實感受到，也欣賞這些指示發揮的作用。這些勸誡設法教導的真理，是「在道德上正直」這個基督教的呼召，以及做好人的簡單和基本德性。當然，這個基本信息並無不妥之處，當我們本著基督徒德性（Christian virtue）生活時，便感受到我們與基督一起生活。

長大後上大學和研究院時，我對效法主的關注，繼續集中在與耶穌的道德關係上，但它開始包含一種靈性的智性模式（intellectual pattern）。對我來說，與耶穌一起，成了學習根據基督教世界觀來思想。

關於生命的起源、意義、定數（destiny）的真理，影響我的世界觀，令我在思想中、在思想模式中，然後在生活方式中，成為基督徒。我接受基督作為生命意義的終極來源，存在藉祂而定。祂成了我學習的整合核心（integrating core）、信仰和學習的中心、知識的開端和終結。今天我仍舊欣賞這種強調。我承認耶穌基督是宇宙的中心，萬有靠祂而立（西一 17～20），意義藉祂而生。

但我仍然尋找更多，更多。我渴望的，是一些關於人類生存的意義，是比道德敬虔觀念，或智性激發的思想更深層的事物——雖然這些都是好的。我希望某些事物能實現在基督裏的樣式；我希望有一些事情是在我生命中行得通，是能夠帶來現實的（realistic）靈性的；我希望有些東西將我的生命，根據基督的生命、死亡、復活、再來的樣式而調整。

在一九七〇年代初，我接觸到一種調整基督徒生命的古老操練。那是在一整年中跟隨耶穌的拯救生命而生活的屬靈操練。這操練極具深度，又對靈性甚具挑戰，以致在多年後，我才感到開始觸及它潛力的表層。它有能力令道德行為跟耶穌留給我們的樣式一致；它也有能力建構一個對現實的觀點，是徹底地基督教的。不單如此，它還驅使我們與基督一同生活、死亡、復活。透過教會年曆的操練，我們可以在教會羣體中，透過她的崇拜，以及在我們一天二十四小時、一星期七天的生命中，經歷基督的大能。

現在問題是：教會年曆的操練如何達致這一切？教會年曆可以怎樣調整我們整個生命——我們的價值觀、世界觀和人際關係；我們與説謊、欺騙、色慾、妒忌、憤怒等等的爭戰；我們對成功、物質財富、權力和讚譽的野心和衝動；我們對世界的飢餓、不公義和痛苦的姑息？教會年曆的操練怎樣才能將我們連至基督，讓保羅的呼喊「我活著就是基督」（腓一21），更充分地在我們裏面實現？我想首先檢視教會年曆的本質，然後顯示教會及其崇拜可以怎樣作為調整教會年曆靈性操練的處境，從而回答這個問題。

這時你可能會説：「你太看重教會年曆了。教會年曆的操練不可能為我的靈性實現那麼多事情。」如果視教會年曆本身為目的，這個反對是成立的。不過，如果我們視教會年曆為工具，透過它，上帝在基督裏的拯救事件模塑我們，這樣的話，實現我們的屬靈朝聖（spiritual pilgrimage）的，便不是教會年曆，而是基督自己，祂是教會年曆的內容（content）和意義（meaning）。

基督：教會年曆靈性的源頭

當我們希望透過踐行基督教時間（Christian time）來模塑我們的靈性時，最重要的是，我們以基督開始，祂是我們靈性的源頭，也為時間下定義。沒有基督，便沒有基督教時間，決定教會年曆的，是基督；透過教會年曆靈性的踐行，基督在我們裏面成形（formed）。

我所指的基督，是基督的出生、生平、死亡、復活，拯救和醫治受造物和創造的奧祕。因此，產生教會年曆的是**逾越奧祕**（復活節最古老的名稱）。教會在年復年、月復月、日復日、時復時中，蒙召宣告上帝在耶穌基督裏的和好工作這主要的奧祕，並演示（act out）這奧祕。因此，阿道夫．亞當（Adolf Adam）將教會年曆定義為「在一年中，對上帝在耶穌基督裏實現的拯救工作具記念性的歡慶」。[2]

上帝在基督裏實現的拯救工作是歷史事件，它們不是神祕的觀念或有力的故事，而是真確、真實、具體的事件。透過它們，創造的上帝在歷史中行動，拯救墮落的世界。上帝所有拯救活動的核心、中心、焦點，是基督的受苦和復活。因此，時間的脈搏，所有時間週期的意義和能力的源頭，**源自**和**回到**基督的死亡和復活，在其中，上帝特別主動使我們與祂和好（林後五 18）。在祂的拯救工作中，基督是客觀靈性和主觀靈性的源頭、高潮、實質。

「一個**原始的**事件模塑靈性」這個原則，也可以回溯到猶太傳統。雖然猶太靈性記念上帝為以色列所作的好些事件（七七節〔Feast of Weeks；又稱五旬節〕、住棚節〔Feast of Succoth〕、吹號節〔Rosh Hashanah〕、贖罪日〔Yom Kippur〕、修殿節〔Hanukkah〕、普珥日〔Purim〕），但對猶太靈性來説，逾越節是最重要的。這節期記念以色列從埃及得釋放。在這出埃及事件中，上帝決然地行動：解救以色列人脱離敵人的轄制、帶他們脱離壓迫、令他們成為祂的百姓、帶領他們進入應許之地。

上帝告訴摩西，當下一代問及猶太靈性的意義時，他們要講述出埃及的故事。「你就告訴你的兒子説：『我們在埃及作過法老的奴僕；耶和華用大能的手將我們從埃及領出來，在我們眼前，將重大可怕的神蹟奇事施行在埃及地和法老並他全家的身上」（申六 21 ～ 22）。猶太靈性的源頭、高潮、實質，建基於出埃及事件。

因此，逾越節家宴（Passover seder）作為回想上帝救贖以色列的方式的後續，不單是渴望再次講述這個故事。逾越節家宴背後，關注的是要**經驗**那救贖，與救贖者建立關係，藉著守救贖者的誡命服事祂。因此那故事不單為了故事本身而重新活出，也是為了活出「出埃及的靈性」（exodus spirituality）。

猶太靈性和基督教靈性之間的關係是明顯的。基督在逾越節期間被釘十字架，並不是出於偶然。因此，初期基督徒很快看到上帝對以色列的救贖和在基督裏的新救贖兩者之間的關係。保羅談及「我們逾越節的羔羊基督」(林前五 7)，這是我們擁有的歡慶復活節最早的紀錄。但這早期基督教的筵席，不單以回憶一件歷史事件本身為目的。正如猶太人逾越節的家宴，**它回想一件轉化生命的事件**。

基督教的逾越節是脫離惡者的轄制的經過。正如古老的洗禮「要理問答」(catechesis)警告我們，那惡者要我們隨從肉體而活——「姦淫、污穢、邪蕩、拜偶像、邪術、仇恨、爭競、忌恨、惱怒、結黨、紛爭、異端、嫉妒、醉酒、荒宴等類」(加五 19～21)。基督教的逾越節歡慶我們的轉化。因此同一古老洗禮「要理問答」，將我們的新生命描述為：「聖靈所結的果子，就是仁愛、喜樂、和平、忍耐、恩慈、良善、信實、溫柔、節制。」(加五 22～23)這轉化是由效忠那惡者，轉為效忠基督。保羅這樣說：「凡屬基督耶穌的人，是已經把肉體連肉體的邪情私慾同釘在十字架上了。」(加五 24)

教會年曆靈性呼召我們憑著信心，進入耶穌的道成肉身、生命和事奉、死亡和復活。上帝的拯救行動不單透過教會年曆的踐行向我們呈現，它也藉著基督在我們生命中拯救和醫治的同在，居住在我們裏面，轉化我們。當我們憑信心進入耶穌的拯救事件，特別是逾越奧祕時，基督便以祂自己的生命和死亡的樣式模塑我們，以致我們在這世界的生命和死亡，是在祂裏面的生命和死亡。

我發覺這種靈性是面對挑戰的無盡力量來源，是屬靈覺醒的一種節奏，是每天向邪惡的力量死、向基督的力量活的樣式。但我們不是在單獨踐行這種屬靈呼召，它是給我、給你、給上帝所有百姓的呼召，這呼召在羣體的處境——教會——中實現。

教會：教會年曆靈性的處境

當我們嘗試理解我們的靈性怎樣由教會年曆的操練調整時，必須緊記基督的死亡和復活，是教會年曆的源頭和基礎，它不是凝固在特定歷史時刻的事件。誠然，它是發生在歷史中某個特定時間和地點的事件。但由於它是具有永恆意義的事件，它超越某一時間和空間的獨特性，與所有時間都有關連——它回溯創造的目的，並前瞻歷史的終結。現在問題是：教會年曆這基督教操練是在哪裏踐行的？答案是：在教會裏。

雖然有很多不同談及教會的方式，但在新約中，關於教會的其中一個最重要的意象是「上帝的子民」（參羅九 25～26）。我們——教會的百姓，在基督裏出生，是上帝的兒女，有聖靈居住在我們裏面。我們是基督事件的百姓。教會現在在「死亡和復活的歷史拯救事件」和「基督再來，世界的轉化完成」兩者之間，活在地上。上帝將「所有時間的意義」（the meaning of all time）交託給教會。世界不知道它本身的歷史的意義，但教會知道。透過教會年曆的操練，教會宣告時間和世界歷史的意義。

彼得在提醒散居各地的基督徒時，直接談到教會對時間的意義的見證：「惟有你們是被揀選的族類，是有君尊的祭司，是聖潔的國度，是屬上帝的子民，**要叫你們宣揚那召你們出黑暗入奇妙光明者的美德。**」（彼前二 9；強調為後加）教會存在的目的，是成為救贖的記號，這記號宣告上帝在基督裏，已經於歷史中實現的，並在末時完成的奇妙**作為**。

教會的本質由上帝在基督裏的拯救作為而定。教會作為耶穌在世界的延伸，蒙召道成肉身地體現耶穌**存有的方式**（ways of being）。她不單是世界上另一個機構（institution；雖然她有時容許自身退化成這樣的機構），而是歷史救贖和再臨國度的**記號**。教會不單以她在世界的存在（existence），也以賦予她生命的崇拜，見證上帝的拯救作為。

崇拜表達教會年曆靈性

教會怎樣在基督的道成肉身、向世界顯現、死亡、復活、升天、再來中，表達**與**基督**同在**的靈性？身為教會的成員，我們可以怎樣參與一種現時的靈性（present spirituality），是植根於過去的事件，又預期將來的事件的？這個問題的答案是：我們在教會中，透過崇拜，我們的靈性持續調整成**記念**（remember）上帝的拯救作為，並**預期**（anticipation）上帝掌管所有受造物，藉此，我們的靈性由基督形塑。

為了幫助我們明白教會及其崇拜怎樣透過記念和預期形塑我們的靈性，我會先界定崇拜，然後將這定義連繫到主日崇拜和教會年曆的踐行。

定義崇拜

就最簡單和最基本的意義而言，崇拜是歡慶上帝拯救的偉大作為，這作為在基督的死亡和復活中到達高潮。崇拜歡慶在過去發生的歷史事件，並預期在將來發生的終末事件。這種方式，令過去和將來的意義，都活現在信徒現在的經驗中。透過崇拜，崇拜者進入上帝的拯救作為，透過這作為，世界的整個歷史都顯明。

可惜，很多教會與崇拜的聖經和歷史傳統失去接觸，將崇拜變成自己的發明。有些人視崇拜為上課時段，主日早上主要是教導的時間，講道前的環節被視為講道的預備或熱身。我最近和一位來自這種傳統的牧師談話。他十分沮喪。他現在對崇拜有合乎聖經的理解，真的想帶領會眾進入崇拜。他說：「但他們想要的是一首歌、一個禱告，以及五十分鐘教導。」他繼續說：「我嘗試引入教會年曆時，他們以為我變成自由派。他們走來對我說：『牧師，放下那些東西，只需要到道那裏去。』他們似乎不明白教會年曆就是宣講和演示出來的道。」

當代教會還以其他方式否定以歡慶上帝的拯救作為，作為崇拜的焦點。正如一位牧者說：「我們歡慶自己與基督的經驗。」其他教會則轉向心理治療，利用崇拜作為幫助人們發現自己和自己生命中的潛力的時間。其他人則傾向娛樂，或者將崇拜變為佈道的機會。

你可能回應說：「如果這些不是合乎聖經的崇拜形式，甚麼才是？」這是合理的問題，也是必須回答的問題——如果我們想要明白依從教會年曆的崇拜，可以怎樣模塑我們的屬靈生命。

我在上文提到的——**崇拜歡慶上帝的拯救作為，這作為在基督裏到達高潮**——是甚麼意思？要明白這句話，需要記住三件事情。首先，細想上帝藉著聖靈的能力透過基督做了甚麼。基督以祂的死亡和復活救贖了世界。藉著基督，邪惡的力量被制伏。保羅說：「〔上帝〕

既將一切執政的、掌權的擄來，明顯給眾人看，就仗著十字架誇勝。」（西二 15）由此，「上帝在基督裏，叫世人與自己和好」（林後五 19）。因此我們知道，受造物和整個創造「指望脫離敗壞的轄制，得享上帝兒女自由的榮耀」（羅八 21），這就是福音。這信息是上帝挽回祂的世界，從那惡者手中將它贏回來。耶穌勝過罪、死亡和地獄，祂是第二亞當。「在亞當裏眾人都死了；照樣，在基督裏眾人也都要復活。」（林前十五 22）「若有人在基督裏，他就是新造的人，舊事已過，都變成新的了。」（林後五 17）因此，上帝喜悅聖子實現的工作，世界上沒有甚麼比聖子的工作，帶給上帝更大的喜悅——包括天使、創造、我們對祂的信心、我們的服事。上帝最大的喜悅是祂兒子，實現了對世界的救贖的那一位。

第二，帶給上帝榮耀的，是高舉帶給上帝最大喜悅的。由於上帝最喜悅祂兒子的工作，祂喜歡我們歡慶救贖的大功。因此，崇拜自逾越（復活節）奧祕後出現。正如作家塔夫脫（Robert Taft）寫道：「討父喜悅的真正崇拜，乃關乎基督拯救的生命、死亡、復活。」[3] 因此，在崇拜中，我們講述和演示上帝的拯救作為，這作為在基督的生命、死亡、復活、再來中，到達高潮。

第三，我們講述和演示上帝的拯救作為，以致上帝透過基督展示出來的那種制伏邪惡和挽回創造的能力，可以在我們的生命中掌權。崇拜的目的不單是藉著歡慶聖子的工作榮耀上帝，也為了讓我們的生命向罪死，這罪因著基督的死已被除去；向新生命活，這新生命是基督從死裏復活開展的。由於崇拜高舉基督，崇拜呼召我們脫去「舊人」，穿上新人。崇拜呼召我們「治死你們在地上的肢體，就如淫亂、污穢、邪情、惡慾，和貪婪」（西三 5）。崇拜呼召我們這些「上帝的選民，聖潔蒙愛的人，就要存憐憫、恩慈、謙虛、溫柔、忍耐的心」（西三 12，也參 13 ～ 17 節）。崇拜回想那好消息；它在我們裏面喚起信心；它激發我們向罪死，向在基督耶穌裏的新生命活。這樣，崇拜與生命每一方面都有連繫，擴展到我們生命中的每一種關係、每一個任務、每一種態度、每一個行動、每一天、每一小時。這樣，我們便實行了保羅的勸告：「所以，弟兄們，我以上帝的慈悲勸你們，將身體獻上，當作活祭，是聖潔的，是上帝所喜悅的；你們如此**敬拜**乃是**屬靈的**。不要效法這個世界，只要心意更新而變化，叫你們察驗何為上帝的善良、純全、可喜悅的旨意。」（羅十二 1 ～ 2；強調為後加）

總而言之，記念上帝的拯救作為和預期上帝最終掌管所有創造的崇拜，能夠調整我們**與**基督**結連**的屬靈經驗。感恩地回想上帝的拯救作為，並喜樂地預期新天新地，這是每星期主日崇拜的核心，以及教會年曆崇拜模式的實質（substance）。讓我解釋一下。

主日崇拜：記念和預期的日子

初期教會將我們稱為「星期日」的日子，保留為回想基督的生平、死亡、復活，以及預期將來的國度的日子。塔夫脫總結主日對初期基督徒的重要性，並就主日回想的屬靈深度，給我們洞見。

> 任何研究初期基督教文獻中的「星期日」的人，開始時，印象都是混亂的：星期日是第一日、是創造的日子、光的日子、新時間的日子，但它也是最後一日——第八日，日子以外的日子、禧年（Jubilee）的日子、末時的日子。它是復活的日子、也是復活後出現和進餐的日子。那是聖靈降臨的日子、升天的日子、聚集的日子、聖餐的日子、洗禮的日子、按立的日子——直到有人問：「有甚麼是星期日不代表的嗎？」答案，當然是沒有。那是象徵的日子，是教會在「升天」和「再來」之間的時間的記號，是我們現在活在其中的時間。它是象徵「所有日子」的日子，因為所有基督教禮儀的目的，是在儀式進行的那一刻，表達我們生命的每一刻的基本姿態（basic stance）。[4]

星期日作為「上帝拯救作為的日子」的重要性，可以從初期教會為星期日取的名稱看到。這日的最古老名稱，很可能是啟示錄一章10節的「主日」。「主日」可能源自「主餐」(the Lord's Supper)這個詞語，在初期教會，每個星期日都舉行主餐，作為崇拜的主要行動(central act of worship；參林前十一20)。[5] 主日是基督的日子，因為教會在這日聚集，透過擘餅、主餐、聖餐(the communion)或聖餐禮(the Eucharist；又稱感恩祭)歡慶祂的死亡、復活和預期的再來。

另一個捕捉到星期日意義的詞語是**第八日**(the eighth day)，初期教父經常使用這個詞語。**第八日**指重新創造的新一日。上帝用六日創造世界，在安息日休息，然後在一星期的第一日(星期日)，復活的日子，開始祂重新創造的工作。因此，第八日是重演(recapitulation)的日子，在這日，上帝透過基督，更新萬物。

近期關於禮儀方面的學術研究，恢復星期日作為「上帝拯救作為的日子」的原意。第二次梵蒂岡會議(Vatican II)的神聖禮儀(Sacred Liturgy)文件中，清楚記錄了星期日的原意：

> 教會每隔七天歡慶逾越奧祕，人們恰當地稱那日為主日或星期日。因為在這日，基督忠心的信徒聚集

> 到一處，他們應該聆聽上帝的話，參與聖餐禮，從而記起主耶穌的受苦、復活、榮耀……主日原是筵席的日子，應該向忠心的人提議這日子，教導他們這日子，讓這日子成為喜樂和免於工作的日子……星期日……是整個禮儀年的基礎和中心。[6]

教會年曆：揭示基督整個奧祕

以上所説的一切關於基督作為靈性的源頭、教會作為靈性的中心、崇拜作為靈性的表達，與教會年曆有明確的關係。

> 而且，在一年中，她〔教會〕揭示基督的整個奧祕，由道成肉身和出生，到升天、聖靈降臨節和期望主再來那有福的盼望。
>
> 因此，藉著回想救贖的奧祕，她向忠心的人開啟她主的力量和好處的豐盛，使這些力量和豐盛以某種方式在所有時間都存在；忠心的人抓住它們，被拯救的恩典充滿。[7]

教會年曆簡單、純粹的目的，是宣告上帝**透過**基督成就的拯救作為的福音，特別是在祂的死亡和復活中。

教會年曆代表著基督的生命和祂必定歸回的歷史演

變。我們可以留意，將臨期處理基督的臨到、聖誕期處理祂的出生、顯現期處理祂向外邦人的顯現、預苦期處理祂走向死亡的旅程、偉大的三天處理耶穌地上生命最後的日子、復活期歡慶祂的復活、聖靈降臨期則是在聖靈的大能中經歷生命之時。根據基督生命的歷史再現（historical representation），教會年曆始於將臨期，並以聖靈降臨期作結。事實上，大部分跟隨教會年曆的基督徒，都是在跟隨時間感（chronological sense）。因此，敬虔乃建基於在一整年中這朝聖。這種關於上帝拯救事件的歷史再現，對上帝的百姓有屬靈的好處，是不容否認的。

不過，當教會年曆只是重複過去時，我們便錯失了重點。歡慶上帝的拯救事件的屬靈目的，是由基督模塑，與祂同死，與祂一同復活、重生，帶著祂復活和再來的盼望而活。

讓我再次將教會年曆靈性，帶回它在猶太靈性中的根源。諾桑指出：「對猶太人來說，上帝參與歷史；但對上帝來說，過去、現在、將來，同時存在……猶太禮儀設想短暫的存有（being）接觸那永存的一位；那永存的一位，與只是短暫存在的人接觸。」[8]

對猶太人來說，記念「過去」，不單是回想它作為已發生的事件，而是以一種賦予它新的意義的方式記念它。因此，猶太人蒙召記念逾越節時，彷彿它在**現時**發生。同時，記念過去的事件能觀照將來。例如：逾越節前瞻所有人在耶路撒冷聚集的日子。因此，過去和將來，在現在交匯，令崇拜者現在的經驗變得不同。

初期教父也對上帝的拯救事件，採取這種模塑性取向（formative approach）。例如：在寫及教會年曆中，歡慶基督的工作帶來的效果時，利奧一世（St. Leo；公元400～461年）說：「親愛的，記念救主為人類做的一切，對我們是最有用的，只要我們以信心尊崇我們接受和效法的那位。因為當基督的奧祕傳達給我們時，有恩典的能力和教導給我們鼓勵，以致我們可以跟從我們在信仰的靈性中所認信的那一位。」[9]

結論

現在我們必須問：對我們這些想踐行教會年曆靈性的人來說，上述的一切，有甚麼意義？首要的是，教會年曆靈性帶我們回到耶穌基督的死亡和復活。靈性的源頭不在我們裏面，我們不能生產、創造或獲得靈性。耶穌基督是成了肉身的上帝，祂成為人的樣式，為罪付上代價，制伏邪惡和死亡的力量，拯救我們脫離那惡者，恢復我們與上帝的關係。為了讓我們蒙上帝接納所需要做的一切，耶穌都已經做了。

第二，接受教會年曆靈性，意味著我們必須再次接受聖經中關於洗禮的意象。洗禮是我們對耶穌基督的感同、是我們與祂的死亡和復活聯合的比喻。洗禮號召我們向罪死，向在聖靈裏的新生命活。

第三，教會年曆靈性號召我們承認：這新身分、這洗禮的生命（baptismal life），不是孤立地活出，而是在羣體中活出。當我們在世界活出我們洗禮的生命，教會就是培育洗禮的生命的處境。洗禮的生命在教會的母腹中出生，由她哺育，從她的靈得到生命。

第四，要活出基督徒的靈性，教會的崇拜必須回到她在逾越奧祕中的聖經根源。雖然每個星期日都在記念死亡和復活，並預期歷史的終結和世界的轉化，但教會年曆調整連續不斷的星期日，進入我們的主道成肉身的奧祕、祂的服事、祂的死亡和復活、祂的再來。

我們進入基督的生命時，祂的生命滲透我們的生命。我們向罪死，向在基督裏的新生命活時，學習以祂生命和死亡的樣式生活。在接下來各章，我會詳細討論這個主題，顯示個人和羣體怎樣由教會年曆模塑。

表2：教會年曆靈性總結

主題	屬靈重點
甚麼是客觀靈性？	與上帝的關係是不能賺得的，那是上帝恩典的賜予。
甚麼是主觀靈性？	靈性的操練強化我們**與**基督同活，並活在基督**裏面**的經驗。
甚麼是教會年曆靈性？	一種個人和集體崇拜的操練，我們透過它，被模塑成基督的樣式。我們刻意跟從基督拯救作為的樣式生活，並預期祂掌管萬有，從而進入基督裏面。
甚麼是教會年曆靈性的來源？	那來源是耶穌基督的死亡和復活。
甚麼是教會年曆的處境？	那處境是教會。
甚麼是教會？	上帝拯救事件的百姓，他們藉著自己的存在，見證上帝的拯救作為。
怎樣表達教會年曆靈性？	它在崇拜中呈現。
甚麼是崇拜？	透過宣告和演示以及滿懷渴望地預期上帝掌管萬有，記念上帝的拯救作為。
甚麼是教會年曆崇拜？	救恩之奧祕的揭示。
教會年曆靈性的目的是甚麼？	徹底參與上帝的拯救事件，以致我們向罪死，並在基督裏向新生命活。

為踐行教會年曆靈性的禱告

全能的上帝，凡人的心，在祢面前無不顯明；心裏所羨慕的，祢都知道；心裏所隱藏的，也瞞不過祢。求祢賜聖靈，感化我，潔淨我的心思意念，使我盡心愛祢，配得以教會年曆靈性的踐行，彰顯祢的聖名。藉賴我們的主耶穌基督而求。阿們。

選自《公禱書》（*The Book of Common Prayer*）

思考問題

1. 試形容你現在怎樣踐行時間。
2. 你需要採取甚麼步驟，以踐行教會年曆靈性？
3. 你的教會需要採取甚麼步驟，以融入基督教時間的踐行？
4. 踐行教會年曆靈性對你個人的屬靈生命會帶來甚麼分別？對你的教會生活又會帶來甚麼分別？

崇拜和靈性的資源

在每一章末，我會從 Robert Webber, ed. *The Services of the Christian Year*, vol. 5 of *The Complete Library of Christian Worship*（Peabody, MA: Hendrickson, 1994）中，引述每一個節期的資源，這包含了教會年曆所有節期頗為詳細的資源，可以透過 www.ancientfutureworship.com 或 630 / 510-8905 獲得。

第一部

光的週期

The Cycle of Light

在光的週期，崇拜和靈性的焦點是上帝成了肉身，進入我們的歷史，拯救受造物和創造。祂為了死亡而出生，讓我們得生命。

道成肉身的意義有其依據，《尼西亞信經》(公元325年)便交代了出生和死亡之間的連繫。那道成肉身的一位，是「出於上帝而為上帝、出於光而為光、出於真神而為真神」。祂道成肉身的原因是「為救我們世人從天而降……又在本丟彼拉多手下為我們釘在十字架上」。

預言基督到來的先知以賽亞說得好：「看哪！上帝是我的拯救；我要倚靠他，並不懼怕。因為主耶和華是我的力量，是我的詩歌，他也成了我的拯救。」(賽十二2)

道成肉身是光的週期的焦點，我們的崇拜和靈性的特點可分為三個經驗，它們構成完滿的道成肉身，它們是將臨期、聖誕期、顯現期。這三個靈性旅程(spiritual journey)的階段都以各自獨特的方式連繫到道成肉身。

在將臨期，我們**等候**(wait)。在這段時間，我們回想以色列對彌賽亞的渴望，並學習渴望主再來——那就是我們所認識的歷史終結、新天新地的開始。

在聖誕期，我們**歡慶**(rejoice)。彌賽亞已經來臨，光已經進入世界，新的一天已經降臨在我們身上。

在顯現期，我們**彰顯**(manifest)。我們現在知道，這重要的新開始不單給猶太人，也給世界的萬民和整個創造。上帝已經來了。世界從邪惡的暴虐中得拯救這個古老的應許，現在已經成真。

我們等候（第二章）。

基督已經來了（第三章）。

世界必須知曉（第四章）。

第二章

將臨期——上帝介入我們的時候

主基督、上帝的兒子、我們的上帝，祂第一次來到時，是默默無聞的；祂第二次來到時，會讓全世界都看見。祂默默無聞地來到時，只有祂自己的僕人認得祂；祂公開地來到時，好人和壞人都會知道。祂默默無聞地來到時，是要接受審判；祂公開地來到時，是要來審判。

奧古斯丁（Augustine；公元 354～430 年）

對我們很多人來說，夏季末和初秋都是為來年制訂新計劃的時候，這計劃建基於學校的年曆。例如：我自己的時間都花在制訂課程大綱、見新學生，以及計劃一年的課程和活動。有孩子的家庭花很多時間預備開學——買新衣服和文具。一開學，壓力便來自人際關係、課堂的要求、參與運動項目及其他活動。

對那些居住在比較寒冷的地方的人來說，秋季也是預備過冬的時候。他們收集燃點火爐的柴枝、修剪樹葉、封好防風窗、安裝汽車的禦寒設備、拿出冬季衣物，預備過冬。

但在這一切中，上帝在哪裏？我們為將來作準備時，無論是為秋季活動還是其他，當中存在的危險是，在計劃中傾向對上帝的同在漠不關心。我們身處的西方世界十分流行人本主義精神（humanistic spirit），這種精神往往在我們計劃將來時，表露無遺。當我們以為我們可以自行做事，彷彿不大需要或完全不需要上帝時，我們便變得自信，開始相信自己，以為自己戰無不勝。

這樣，上帝便變得遙遠，甚至從我們的生命中消失。我們可能很長時間都感覺不到上帝存在、沒有話要對上帝說，或者不關心上帝透過祂的道向我們說話。同時，我們的宗教踐行——飯前禱告和主日崇拜——都變成只是禮儀，沒有任何意義。我們像一個在無須動腦筋的工作中那操作機器的人一樣，從事這些事情，它們卻對我們沒有多大意義。它們沒有能力，上帝也不透過它們與我們接觸。它們成了死的形式，沒有生命，也沒有意義。

說我們不想這樣的事情發生，是過於輕描淡寫的。沒有人希望上帝變得遙遠，離開我們的生命。不過，上帝有時確實變得遙遠。或許我們追溯不到我們在甚麼時候，在靈性上變得漠不關心。但我們知道自己曾經在上帝面前充滿活力，那活力現在在我們的個人經驗中消失了。或許我們沒有讓上帝存在於我們的生命中。對於上帝遙遠地存在，我們感到頗為自在。

在這樣的時期，我們的個人經驗和基督出生前的以色列頗為相似，也與今天世界的情況相似。這個世界很大程度上對它的創造主漠不關心，但只有祂可以賦予它意義和目的。我們的生命和以色列、教會及世界的生命，都經過冷淡的漠不關心，然後上帝介入我們的生命，我們變得開放和從善如流。在這些交替的轉折中，我們蒙召重新察覺生命、有新的委身、靈魂重新歸信。每當這事發生時，將臨期便出現，因為將臨期是上帝介入我們的時候，帶來新的驚奇，以更新和恢復的力量觸摸我們。在教會年曆的崇拜和靈性中，我們祈求上帝全新地介入、全新地傾出祂的聖靈。

將臨期：上帝攪動我們生命中的水的時候

離我家不遠有一池死水。雖然那一帶的孩子發覺那裏很適宜在冬天溜冰，但在其他時候，這個水池都沒有用，只會有蹦蹦跳的蟲和呱呱叫的青蛙。就我所知，這水池是完全靜止的：沒有甚麼流進它裏面、沒有甚麼流經它、沒有甚麼從它裏面流出。

不幸的是，我們的屬靈生命有時也像這池死水——死寂、荒蕪、靜止、不結果子。將臨期其中一位重要人物——以賽亞的時代，以色列也變得停滯不前。以色列像我家附近那池死水，沒有任何東西流進它，也沒有任何東西從它裏面流出。但透過以賽亞，上帝開始攪動這池死水，更新以色列，帶來新生命的盼望。在將臨期，我們透過以賽亞，聆聽上帝怎樣攪動我們靈性的死水，以清泉活水更新我們。

以賽亞是誰？他的世界是怎樣的？他對以色列百姓有甚麼話說？如果我們回答了這些問題，我們便會明白為甚麼在眾先知中，以賽亞被選為將臨期的先知。以色列人對上帝和上帝對他們生命的要求，變得無動於中。所以以賽亞的呼召是令百姓作好準備，讓上帝打破他們的無動於中，令上帝對他們再次變得真實。以賽亞給以色列的信息復興他們，甚至超越他們的時代，指向彌賽亞的來臨。今天，以賽亞的信息超越我們的時代，不單指向彌賽亞在伯利恆出生，也指向彌賽亞再來，指向上帝掌管全世界的和平時代。以賽亞的信息令以色列人的心轉向靈性的更新。今天，在將臨期或任何時候，當我們需要上帝全新地進入我們的生命，攪動我們沉寂靈性的水，以便上帝以全新的方式介入我們時，這信息也臨到我們。

以賽亞的將臨期盼望

以賽亞在以色列的先知事奉中留下的其中一個最重要的，也持續影響我們今天的憑證（credential）是，他是活在上帝同在中的人：「當烏西雅王崩的那年，我見主坐在高高的寶座上。」他也聽到撒拉弗歌唱：「聖哉！聖哉！聖哉！萬軍之耶和華；他的榮光充滿全地！」（賽六1、3）

在將臨期的崇拜，我們被舉至與天使、天使長和撒拉弗一起歌唱：「聖哉！聖哉！聖哉！主上帝是昔在、今在、以後永在的全能者。」（啟四8）可惜我們往往看不見以賽亞看見的東西。我們容許目標、野心、日常的責任，成為我們思想的中心，以致不能停下來，集中在那聖者、創造主、坐在高高的寶座上的那一位身上。以賽亞的目光超越自己生命的細節和國家的事情。藉著信心，他到達人類存在本身的核心。和以賽亞一樣，我們需要超越我們崇拜的形式，我們需要經歷那站在上面審判我們、醫治我們、挽回我們生命的那一位的同在。

以賽亞不單看見主，他也看見自己在主的同在中，是怎樣的。他呼喊說：「禍哉！我滅亡了！因為我是嘴唇不潔的人，又住在嘴唇不潔的民中，又因我眼見大君王——萬軍之耶和華。」（賽六5）在上帝的同在下，以賽亞看到自己是罪人，需要上帝赦免和挽回。今天在崇拜中，我們要站在以色列的聖者的同在中，看到自己實際上是罪人。

上帝這啟示還有第三個向度。以賽亞看見自己的罪時，上帝以赦免和挽回的愛轉向他。以賽亞說撒拉弗飛向他，以從壇上取下的燒紅的炭沾他的嘴唇，說：「看哪，這炭沾了你的嘴，你的罪孽便除掉，你的罪惡就赦免了。」（賽六 7）我們遇見上帝，承認我們的罪時，上帝赦免和挽回我們，這就是崇拜中聚集的節奏——那一連串事情將我們帶到上帝的同在中。我們讚美上帝的超越，我們承認自己的罪，然後我們聽到赦免的話。那時，只有在那時，我們才預備好在道的服事中，聆聽上帝對我們說話。

以賽亞經驗中的這節奏，不單是有力的圖畫，顯示以賽亞為向以色列人宣講上帝的話所作的準備，也感人地講述了與上帝一起的經驗，是我們在每次崇拜中都可以有的，而且在將臨期的經驗中，以全新和強烈的方式向我們呈現。以賽亞的經驗顯示將臨期的節奏：如果我們會見上帝，如果上帝介入我們，我們必須看到自己是怎樣的人。那時，在我們誠實地認出自己的一刻，上帝會介入我們，攪動我們屬靈生命的水——這就是以賽亞帶給以色列的信息，這也是以賽亞帶給今天活在將臨期的等待中的教會的信息。

以賽亞的政治世界

以賽亞的世界，像我們今天的世界，是政治動盪的世界。大衛那個託付給所羅門的偉大聯合王國，其後分裂為北國和南國。這兩個王國因為內部分歧和互相交戰而變弱。然後強大的亞述橫掃北國，在公元前七三二年打敗她，將她一舉殲滅。接著，巴比倫變得強大，打敗亞述人，掃蕩耶路撒冷和南國，在公元前五八七年將她打敗和俘擄。不久，巴比倫又被波斯擊敗。

在這些混亂的經驗中，以色列被擄。在被擄中，以色列渴望上帝再眷顧她，帶她回耶路撒冷，回到她在大衛統治下經歷的榮耀。在這個處境下，以賽亞作為以色列的良心說話，伴隨著自己的經驗，他號召以色列悔改，忠心地轉向上帝。

學者將以賽亞的事奉分為三個時期。由於這三個時期所強調的，以及時間似乎有很大的差異，很多學者假設有三個以賽亞。我們在這裏不能處理這些重要的問題，也不需要這樣做。因此我們會將以賽亞事奉的這三個時期當為一個整體。

在這卷書的第一部分（一～三十九章），以賽亞提出他的信息中十分關鍵的要素：上帝想以色列的百姓與祂一起模塑歷史。不過，以色列的百姓被擄，感到被上帝遺棄。這卷書的第二部分由四十至五十五章。這裏的信息是上帝有能力拯救以色列民，帶他們回耶路撒冷。這十多章談及上帝的僕人會帶來釋放。這裏面包括很多將臨期的經文，基督徒相信這些經文指向基督第一次到來（參賽五十二 13 ～ 五十三 12）。最後，第三部分由五十六至六十六章。這些經文談及耶路撒冷榮耀的復興和修復。基督徒在這些經文中，看到關於基督再來和整個世界得挽回的直接教導（參賽六十五 17 ～ 25）。

我們需要根據以賽亞的事奉這三個時期的背景，理解以賽亞帶給以色列和我們的信息。我們等候基督來到，消除世界的邪惡，建立新天新地。在將臨期，我們等候新開始。在我們自己的生命中，將臨期代表新開始、轉離罪，以及歸向基督。

以賽亞的將臨期信息

雖然以賽亞的信息必須根據上述動盪的政治背景來理解，但它也必須根據以色列主要的宗教困難來詮釋，這個困難直指她屬靈生命的核心——了無生氣的敬拜。以色列的敬拜曾經是生命更新的來源，現在變成死氣沉沉的儀式主義（ritualism）。以賽亞頗為簡潔地描述了這個情況：「耶和華說：你們所獻的許多祭物與我何益呢？公綿羊的燔祭和肥畜的脂油，我已經夠了；公牛的血，羊羔的血，公山羊的血，我都不喜悅。」（賽一 11）

以色列的敬拜出問題並不令人驚訝。敬拜的生命不在於禮儀，而在於百姓的生命，而百姓的生命由敬拜的信息模塑。敬拜的屬靈影響是得出一羣百姓，他們好憐憫，行公義。正如上帝為以色列公義地行動，帶領她脫離埃及刻薄和不公的對待，真正的敬拜也在上帝的百姓中，產生其代表的意義。以色列的心多麼遠離上帝，可以從她對窮人和受壓迫的人不行公義看到。以賽亞再次頗為直接地談及以色列的不公義：「你們要洗濯、自潔，從我眼前除掉你們的惡行，要止住作惡，學習行善，尋求公平，解救受欺壓的；給孤兒伸冤，為寡婦辨屈。」(賽一 16～17)

以賽亞不是將敬拜和公義對立。他要求恢復那種敬拜，那種驅使人對窮人行公義，好憐憫的敬拜。在以色列，敬拜和公義這種分離引致宗教停滯不前。百姓感到上帝離開了他們，祂不想以新生命的活水介入他們的停滯不前。但問題在他們那裏，他們以雙重的罪妨礙上帝屬靈更新的水流，也就是死氣沉沉的儀式主義和不行公義。

在以色列死寂的靈性這個處境下，以賽亞的信息有十分真實和重要的意義。以色列應該做甚麼？他們必須求上帝打破他們死氣沉沉和遲鈍的態度，動搖他們的停滯；他們不應滿足於自己所擁有的，他們要對現狀不滿，更要厭惡將敬拜視為履行宗教責任。

因此，在以賽亞信息的中心，是悔改的呼喊。但對以賽亞來說，悔改不單關乎意志。以色列不能單單決定悔改，便以為解決了問題。不，悔改來自上帝。上帝必須攪動以色列，上帝必須介入以色列人的生命，闖入他們自私的行為樣式，粉碎他們虛偽的自我中心，令他們轉離剛硬的心。以賽亞祈求上帝：「耶和華啊，你為何使我們走差離開你的道，使我們心裏剛硬、不敬畏你呢？求你為你僕人，為你產業支派的緣故，轉回來。」（賽六十三 17）

這悔改的狀況，這準備就緒的狀況，正是上帝想以色列有的狀況。因為當以色列的百姓轉離他們的罪，預備接受上帝的突破（breakthrough）時，上帝可以以新的經驗臨到他們那裏，顛覆他們的生命，改變世界的歷史。以賽亞在兩個預言中保證來自上帝的突破：「因此，主自己要給你們一個兆頭，必有童女懷孕生子，給他起名叫以馬內利。」（賽七 14）「看哪！我造新天新地；從前的事不再被記念，也不再追想。你們當因我所造的永遠歡喜快樂；因我造耶路撒冷為人所喜，造其中的居民為人所樂。」（賽六十五 17～18）

總而言之，以賽亞帶給以色列盼望。如果他們悔改和轉離他們的罪，上帝會差派救主，祂會帶領他們脫離被擄的狀況，帶他們回到重建的耶路撒冷，一個新城，是比他們所能想像的更偉大的。

以賽亞的信息在將臨期的應用

如果我們要以真正屬靈和有意義的方式進入將臨期，我們必須緊記以賽亞帶給以色列的信息。以色列的百姓處於悲慘的光景，他們的生命、家園、國家、家庭、財富、社會地位，都受到即將來到的政治災難威脅，這災難將令他們走向衰亡。而且，他們的屬靈景況不足以經過這樣的災難。以賽亞宣告：悔改，在真正的歸信中轉向上帝；然後盼望上帝的拯救，因為上帝肯定會差派救主，恢復耶路撒冷的偉大。

這怎樣應用到我們今天的將臨期？當我們這些上帝的百姓將自己在世界的生活，與崇拜的真實意義分開時，我們就需要將臨期。崇拜歡慶上帝**為我們**所做的，並使我們渴望成為他人和世界的僕人。當我們在生活中爭取權力、成功、財富，為自己尋求好處，但又參加崇拜、聽道、吃餅喝杯時，並不比死氣沉沉的以色列好。當上帝不在我們的生活中，祂也不會在我們的崇拜中。我們的崇拜變得機械化、沉悶、令人生厭，成了例行公事。我們的生命愈來愈遠離上帝和祂的旨意，上帝缺席的感覺愈來愈強烈，這就是發生在以色列身上的事。

在將臨期，我們請求，甚至懇求上帝不要離開我們，因為當上帝讓我們依隨己意、讓我們走自己的路時，我們肯定會遠離祂。我們對上帝的漠不關心，很快會變成靈性的沉悶（spiritual boredom），這種沉悶引致靈性遲鈍，最終引致靈性的死亡。將臨期是呼喊的時候：「上帝啊，使我轉離漠不關心，在我裏面造一顆悔改的心，帶領我到屬靈更新的水邊。」將臨期《仰望救主》（*Rorate Caeli*）這組詩，總結了這發自內心的呼喊：

我們走歪了路；
在我們眾多的罪中，我們變得不潔。
墮落，墮落，好像秋天的葉一樣受災。
暴風將我們吹走，
我們惡行的狂風。
祢向我們轉離祢憐憫的臉，
我們的過犯將我們壓碎，好像陶匠的器皿。
主我們的上帝啊，俯視祢百姓的痛苦；顧念祢的
　　應許。
差派羔羊來我們這裏，祂會從曠野的磐石到錫安建
立祂的統治，在錫安的高山設立寶座。
沒有別的能力可以打碎我們的鎖鏈，給我們自由。[1]

將臨期不單關乎我們的悔改和歸信，也關乎對前來釋放我們的彌賽亞的期待。在將臨期，我們期望彌賽亞在伯利恆的到來（彌五 2～4），也期望彌賽亞在歷史終結時的臨到（賽六十五 17～25；啟二十～二十二章）。對基督徒來說，這兩個臨到都植根於逾越奧祕。十字架是彌賽亞臨到的目標。道成肉身和代贖兩者緊密相連，代贖和再臨亦然，因為祂來救贖、拯救受造物和創造，祂來挽回創造，將它從邪惡的手中救出，除去邪惡的存在和力量，最終在新天新地挽回整個創造。

在將臨期，我們歡慶基督勝過邪惡力量的始末，我們祈求上帝在我們生命中實現這勝利，介入我們，使這勝利在我們心裏扎根，令我們成為新造的人。這是以賽亞給我們的信息：救主不單來到以色列，也來到整個世界。這是由施洗約翰和馬利亞加強的信息，他們在期望孩童基督的戲劇性呼召中，與我們相遇，孩童基督會實現萬物的終末救贖（eschatological redemption）。

將臨期：活在「上帝會介入」的期待中

猶太人知道活在盼望中是甚麼意思。以賽亞時代的那種不幸和猶太民族其後的麻煩，使他們對將來衍生出一種生機勃勃的感覺。對猶太人來說，那總是：「明年，在耶路撒冷」。

在基督出生前，在受制於羅馬的以色列中，我們可以找到這充滿活力的盼望。期望彌賽亞來臨，解救以色列的渴望，在很多真正敏銳的羣體和有屬靈生命的百姓中，都是活生生的。在我們將臨期的盼望中，兩個十分重要的人物——施洗約翰和馬利亞，兩人都教導我們，活在盼望戲劇性地脫離那惡者的力量，是甚麼意思。

施洗約翰：將臨期的聲音

在施洗約翰的時代，對彌賽亞臨到的期望十分高。在每個猶太人的生活圈子中，人們都熱烈討論即將到來的彌賽亞。人們感到以色列新開始前夕的終末時刻快將來到。但以色列的夢想會如何成真？上帝會透過一位新的彌賽亞，開展這新的出埃及旅程嗎？

在這個充滿夢想、盼望、渴望的處境下，施洗約翰在曠野出現，號召百姓悔改和為將來的世代作準備。重拾以賽亞的主題，他的信息令猶太人驚訝：「天國近了，你們應當悔改！」（太三2）

重要的是，施洗約翰來自曠野，以不尋常的方式出生。以色列百姓留意到上帝的先知來自曠野，他們在不尋常的情況下出生，或者他們的特別任命有不尋常的記號。例如：大衛只是男孩，沒有打仗的經驗，但卻打敗歌利亞；摩西在籃子中被人發現，從死裏獲救。現在有施洗約翰，他母親不育多年，晚年在不尋常的情況下生了這個先知，一個來自曠野的先知。

施洗約翰以如此戲劇性的方式出場時，以色列的注意力立即集中在他身上。他是彌賽亞嗎？他會是帶領以色列脫離羅馬的奴役，恢復耶路撒冷的偉大的那一位嗎？以色列想要的是政治的彌賽亞（political Messiah），類似摩西和大衛結合起來的救贖者。

但施洗約翰有自知之明。他視自己為先鋒、先驅，像以賽亞預言的那樣，為彌賽亞預備道路的人（賽四十1～11）。他號召以色列人真正悔改，這悔改與新出埃及的情況相符。他指向將要到來的那一位說：「我是用水給你們施洗，叫你們悔改。但那在我以後來的，能力比我更大，我就是給他提鞋也不配。他要用聖靈與火給你們施洗。」（太三11）約翰描述施洗約翰為：「有一個人，是從上帝那裏差來的……這人來，為要作見證，就是為光作見證，叫眾人因他可以信。他不是那光，乃是要為光作見證。」（約一6～8）他的確為光作見證，因為施洗約翰是指向耶穌說「看哪，上帝的羔羊，除去世人罪孽的！」（約一29）的那一位。猶太人尋找政治的彌賽亞——新的摩西或新的大衛；但約翰藉著稱基督為上帝的羔羊，談及耶和華的僕人這異象，是以賽亞在以賽亞書五十三章描述的。施洗約翰視耶穌為逾越節的羔羊，新的屬靈救贖主。

施洗約翰作為將臨期聲音的一個證據是，他給我們一個信息：上帝使用我們生命中的人，告訴我們關於我們的事實；他以自己的生活樣式和話語，成為一種對抗，號召人們悔改和歸信。我們需要問，我們生命中有沒有一位施洗約翰，他或她雖然可能令我們不高興，但卻以自己的榜樣，指出我們生命中的罪行或慾望，是我們需要處理的？或許上帝不能介入我們，直到我們果斷地對待自己的罪。悔改不是基督徒喜歡的消遣；我們寧願隱藏自己有罪的慾望、習慣、態度，也不將它們交給上帝。我們躲在自己的善舉、參加崇拜、參與教會生活這些行為後面，將悔改放在一旁。或許現在正是時候處理那關係，那虛假、憤怒或妒忌的靈、種族歧視或性別歧視的態度，或與不公義的合謀。讓上帝安置在你生命中的那位施洗約翰，激發你悔改和歸信。

接著，施洗約翰是上帝可以介入和使用的那種人。他生命中惟一的使命是事奉上帝。他不想為自己爭取甚麼。他逃避聲譽、財富、家庭，以實行上帝的吩咐。他沒有想到自己，將自己所有的一切指向基督，而不是自己。我們知道他在希羅底女兒那狡猾的要求下，可恥地死去（太十四 1～12），但我們往往不明白施洗約翰，也感受不到他的痛苦。他的生命、他的信念、他的優先次序、他的死亡，都號召我們審視自己。我們是甚麼器皿，可讓上帝使用？我們的野心和夢想，是否連於世俗成功的熱望，以致上帝不能介入我們，使用我們以基督的愛和盼望觸摸別人？

第三，施洗約翰在回答羣眾向他提出的問題時，給我們將臨期的預備一個提示：「我們當做甚麼呢？」他的答案是簡單和直接的：「有兩件衣裳的，就分給那沒有的；有食物的，也當這樣行。」（路三 10～11）他的答案呼召人們活出捨己的愛。或許在上帝可以真正介入我們以前，我們需要找出有需要的人，以犧牲的方式施予那人或那羣體。我們對自己的豐富顯得吝嗇時，怎能期望上帝將屬靈的祝福傾倒給我們？緊抓我們地上的財寶，只會阻止上帝的愛在我們身上流動。或許在這將臨期，上帝在我們生命中同在的程度，與我們願意愛那些比我們不幸的人的程度，是成正比的。

最後，施洗約翰代表我們與耶穌「必須有的」關係。他人生的目標指向耶穌，而且單單指向耶穌。他心裏的呼喊是：「他必興旺，我必衰微。」（約三 30）我們必須問自己，我們在生命中所做的事情，究竟為何。我們做慈惠工作，是為了讓人們指向我們，談及我們的愛和慷慨？還是我們和將臨期這位偉大的人物一樣，我們所做的，只是為了令人相信和信靠耶穌這位第二亞當，逾越節的羔羊，祂透過捨己地獻出自己的生命，為世界帶來救贖？

如果我們期待上帝介入我們，以拯救和醫治的能力觸摸我們，我們最好不單向施洗約翰尋求引導，也向耶穌的母親馬利亞尋求引導。

馬利亞：將臨期的聲音

以賽亞、施洗約翰、馬利亞有一個共通點——他們都期待彌賽亞來臨。但在這三個將臨期人物中，馬利亞與耶穌的關係是特別的，因為彌賽亞在她腹中成形，在她腹中成長，從她腹中誕生。因此，我們讚美馬利亞在救贖中的角色，與伊利莎白一起說「你在婦女中是有福的！你所懷的胎也是有福的！」（路一 42），是合宜的。

我們對馬利亞，對她這個人、她的生活、她的家庭都所知甚少。不過，我們知道的是她將彌賽亞帶到世界的角色，這反映她是個性格堅定、委身於靈性的人。她是「童女……是已經許配大衞家的一個人，名叫約瑟」，是「在上帝面前已經蒙恩」的女子，會「懷孕生子，可以給他起名叫耶穌」（路一 26 ～ 31）。

從這幾個信息，我們可以知道，首先，馬利亞是個記念以色列的盼望的女子。雖然當時人們十分期待彌賽亞的來臨，在馬利亞生活的圈子中，也經常談論盼望，但她大可以不理會這盼望，或者對它漠不關心。畢竟，身為已經訂婚的婦人，她對自己將來的生命，有很多事情要想，有很多事情要計劃。但馬利亞是個十分敬虔的人，她沒有放棄對以色列新一天的渴望。

第二，我們看見馬利亞是個願意冒險的人。她是已經許配給約瑟的童女，但天使向她顯現說：「你要懷孕生子」（路一 31）。我們沒有關於馬利亞和天使加百列對話的紀錄，只有這天使的宣告和馬利亞的回應：「我是主的使女，情願照你的話成就在我身上。」（路一 38）她沒有說「但我的聲譽怎麼辦？」或「找別人吧，我有其他計劃」。不，她順服上帝的旨意，沒有搏鬥、沒有抵抗、沒有條件。她對以色列的盼望的委身是那麼大，以致如果需要的話，願意將自己的計劃和野心放在一旁，藉以實現上帝對她生命的旨意。

除了這些特質外，馬利亞也十分明白彌賽亞的使命。馬利亞的歌《尊主頌》（*The Magnificat*）（路一 46 ～ 56）表達了以色列的盼望，是選自不同詩篇的禱告。馬利亞知道上帝對亞伯拉罕的應許在她裏面實現；她知道上帝現在在以色列積極行動，為以色列作一件新事；她也知道上帝在窮人、受壓迫的人、被踐踏的人那邊；她也知道救贖已經來到。在耶穌裏開始的革命，會壓倒邪惡的勢力，最終會在整個世界消除邪惡，將世界帶進新的創造——新天新地。馬利亞這個年青的童女，人們相信她當時大約十三歲，她不但明白發生甚麼事，也直接參與新開始的臨到。她給彌賽亞這位世界的救贖者「人類的位格」，在祂裏面，上帝令萬物與自己和好。

事實上，馬利亞是個了不起的女人，是我們在將臨期應該追求變成的那種人。因此，重要的是，我們要問：「關於我們自己的將臨期操練，馬利亞教導了我們甚麼？」馬利亞教導我們，當我們盼望上帝到訪、新的介入臨到時，應該預備好做上帝要求我們做的事情。正如上帝要求馬利亞一樣，上帝可能要求我們冒險。上帝介入時，祂往往中斷我們生命的安舒。或許上帝會要你做一些令你朋友誤會、令你家人反對的事情；或許上帝要你幫助大部分人都忽略的人，或者將時間和金錢給有需要的家庭、組織或事業。你會怎樣回應？你會說「上帝，我會做任何事，但除了這件事」，還是像馬利亞那樣，說「願你的話成就在我身上」？馬利亞順從上帝，她願意毫不提問便實行上帝的旨意，這是我們需要有的態度——如果我們真的希望上帝介入我們生命，以新屬靈覺醒的能力觸摸我們。

馬利亞也向我們講述我們的將臨期默想。在這本書的導論，我指出跟隨教會年曆的屬靈操練，不單是重構耶穌的生命。我提出教會年曆每一個節期，都植根於逾越奧祕——耶穌基督的死亡和復活，以及在基督裏，我們重生，世界在末時更新的應許（林後五 17）。馬利亞推動我們默想這救贖，因為她自己以那麼重要的方式參與救贖。沒有馬利亞，便不會有救贖，因為沒有道成肉身，便不會有代贖。上帝成為我們的一分子，藉以令我們恢復至祂的形象，更新我們。這救贖一定要有女人的參與，因為只有透過母腹，上帝才能得到祂自己創造的血肉之軀。這並沒有使馬利亞與基督同為救贖者；上帝透過基督，而不是馬利亞，與世界和好。但馬利亞的角色對救贖是不可或缺的，我們對她的態度，應該像她自己歌唱的那樣：「從今以後，萬代要稱我有福。」（路一 48）

初期教父認真思想馬利亞在救贖中的地位。在沒有偏離耶穌基督救贖世界的工作下，他們給予馬利亞聖經賦予她的地位。愛任紐（Irenaeus）這位二世紀的作家和神學家，在以下頌詞中如此形容馬利亞：

> 現在主彰顯祂自己，來到屬祂的世界，根據祂自己創造的秩序出生，是從祂而生的。祂以在樹上的順服，更新和逆轉了與樹有關的所有悖逆的事；當天使將大喜的信息帶給（由於她的婚配）已經屬於一

個男人的童女馬利亞時，那誘惑同樣已有婚配的童女夏娃的邪惡〔力量〕已經被打敗。因為正如夏娃受天使的話誘惑而逃避上帝，反抗祂的道；馬利亞也藉天使的話得到那大喜的信息，她藉著順從上帝的話懷有上帝。夏娃受誘惑，不順服上帝，〔從而墮落〕；馬利亞卻順服上帝，因此童女馬利亞可以成為童女夏娃的辯護人（advocate）。人類因著一個童女〔的行為〕要死，但也因為一個童女而得救，因此一個童女的不順從，由另一個童女的順服平衡。那麼，實際上，第一人（first-formed）犯下的罪，由「長子」（first-begotten；編按：參來一6，指基督）所受的責罰修補，蛇的靈巧（wisdom）被鴿子的單純（simplicity）征服，那束縛我們至死的鎖鏈已被打斷。[2]

我們在將臨期的屬靈朝聖

在過去多個世紀，教會的禮儀已發展出一種特別為基督徒在將臨期而設的靈性。星期日的禮儀和日常的讀經，兩者都將我們的旅程引向基督的奧祕的將臨期經驗。我們在信仰中的先輩選了一些經文，是強調三個來臨的：基督在我們生命中的來臨、基督在伯利恆出生的來臨，以及祂在歷史終結時的第二次來臨。將臨期的禮儀和這節期內的日常讀經以第二次來臨開始，和漏斗一樣，回到第一次來臨，但我們透過所有讀經，蒙召與基督有重要的個人相遇。當我們預備藉由將臨期的禮儀和每天的個人讀經豐富我們時，思想應該怎樣走過這節期，是有幫助的。

默想第二次臨到

將臨期的靈性號召我們以「期待基督再來」開始我們的旅程。末時是歷史中的時期，那時基督的工作會完成，邪惡的力量會被永遠消除，大地會恢復到以賽亞和約翰描述的黃金時期（參賽六十五章；啟二十～二十二章）。這種對世界將來得挽回的盼望，怎樣引導我們默想？

首先，世界在上帝手中得挽回的盼望，宣告邪惡不是最終的得勝者。如果我們只閱讀報章對謀殺、間諜活動、暴力、戰爭等的報導，我們對世界便只有負面的看法。如果我們到醫院探望末期疾病的病人、到精神病房看精神失常的人，或者到監獄看犯法的人，我們便會只從這個角度看世界。如果我們將所有時間都花在與窮人一起，花在那些飢餓的人中間，花在那些受不人道和非人化的政治或經濟系統壓迫的人中間，我們對世界會有悲觀的看法。

主再來告訴我們的是，這個世界的邪惡注定失敗，它會受到審判，被火焚燒，因為上帝在基督裏，已經對邪惡的力量發出致命的一擊。上帝將這力量廢黜，除去它們終極控制歷史和我們生命的能力（西二 15）。

第二，主再來訴說著歷史終極，是上帝的勝利、上帝國度的掌權、善永恆和持久的掌權。我們在將臨期的默想以此為依據。藉著信心，我們得到應許，邪惡會受到審判，被消除，一切都會變得整全。這是我們看新聞和到世界的醫院、精神病房、監獄時帶著的異象。基督徒的盼望是對生命的樂觀，這樂觀建基於基督，並在教會的禮儀中一再歡慶。

除了將臨期的讀經在我們裏面建立這盼望，教會聖餐的禱告也提醒我們：「天父，祢深愛世人，所以，祢照自己所定的日子，差遣祢的獨生子，作我們的救主。祂因聖靈的大能，降生為人，由童貞女馬利亞所生，住在我們中間，只是祂沒有犯罪。祂向貧窮的人傳得救的福音，向被囚的人宣佈他們得自由，為哀傷的人帶來喜樂。祂為了成全祢的旨意，犧牲自己，但祂從死裏復活，消除了死亡，更新了一切。」[3] 在這個禱告中，有我們賴以生存的盼望，模塑我們對生命的態度的盼望，決定我們與世界事件的關係的盼望，令我們度過患病、失望、夢想破滅、懼怕死亡這些痛苦時候的盼望。

默想對基督的渴望

將臨期的靈性不是默想基督實際出生的時候。根據傳統，我們不應該在聖誕節前唱聖誕歌，因為將臨期不是歡慶耶穌在馬槽出生的時候，而是渴望救主來到的時候。這節期的意義恰當地在「以馬內利，懇求降臨，救贖釋放以色列民」[4]這個懇求中反映出來。

由於將臨期是渴望救贖的時候，我們應該利用將臨期，找出我們要從中得救贖的事情，找出抓著你的任何力量。拿一張紙，在頂部寫上：「抓著我的力量」，然後開始列出一切你想脫離的事情。這些力量可能是壞習慣，不想有的關係，令你窒息又沒有回報的工作，壞脾氣、妒忌、嫉妒或不誠實這樣的惡事，或者妨礙你依據喜樂、節制或慷慨的靈而活的東西。無論那是甚麼，將它交給「令被囚的得自由」的那一位，在禱告中將它交給基督，請求臨到你生命中的那一位，將這困難帶到祂裏面。

不過，在這操練中，還有一件事情是重要的。如果你真的將這件事交給基督，那決定必須來自裏面——來自內心和意志。你必須刻意這樣做。我們其中一個最大的問題是，我們以頭腦作決定，不訴諸人性中較深刻的一面。很明顯，頭腦必須參與我們的決定，但如果生命的決定主要在頭腦形成，沒有錐心渴望的痛苦導致的無眠的夜晚和極度焦慮的時刻，那種決定往往會在彈指之間消散，或被看似明智合意的理性化打發掉。在你的禱告中，懇求和祈求在基督裏臨到的上帝在你裏面觸摸你，使你萌生一種焦急和沉重的渴望，要從抓著你的力量中得救贖——那時，只有那時，基督才會在你心裏出生。

默想基督在我們生命中臨到

在將臨期的靈性中，我們也蒙召默想基督在我們心裏出生。在這件事上，我們處理的是生命的歸信，離開以前活在邪惡力量下的生命，過在聖靈的力量中的新生命。真正的歸信，是由一種生命樣式轉到另一種生命樣式。基督號召我們歸信到祂那裏，以祂作為我們生命的樣式，令我們的生命和死亡，成為在祂裏面的生命和死亡。這只有在我們完全順服祂，根據祂的逾越奧祕、跟隨祂為我們樹立的榜樣生活時，才能夠實現。

將臨期再次檢視我們的信心在哪裏，我們怎樣活出自己的生命。信靠耶穌不是一次過的行動，而是持續的存有狀態（state of being），一刻一刻地在基督裏存在。它由每天為自己而活的生命，轉向配合聖靈的能力而活，聖靈不斷呼召我們活像耶穌。

有些曾經過著放浪形骸的生活的人，發覺古老的生活樣式和新的生活樣式的對比，十分戲劇化和生動。這肯定是保羅的經驗，他戲劇化的歸信，引致重大的轉變。但對很多人來說，轉向效忠基督和祂呼召我們過的生活，是比較安靜和不那麼容易辨別的。我們很多人在基督教家庭長大，接受信仰培育，都不能夠確定指出歸信的一刻。無論我們透過暴風般的大變動經驗歸信，還是透過在基督裏受養育而歸信，都不是真正的問題。在將臨期中，重要的是評估我們現時的信仰狀況、我們的生活，並委身繼續在我們蒙召的盼望中生活。

結論

將臨期要求我們透過耶穌基督，處理與上帝的關係的基本要項。我真的相信基督嗎？我將盼望和信靠放在基督裏面嗎？我透過救贖世界脱離邪惡力量的那一位的眼睛看將來嗎？我裏面有對祂在我裏面形成，並在我個人生命中、在我家裏、在我的職業中居住的渴望嗎？這些都不是容易回答的問題。它們要求默想、刻意，以及最重要的是堅定的委身。但如果我們要脱離冷淡的屬靈生命，想觸摸變得遙不可及的基督，我們必須留意自己的屬靈操練，並渴望上帝以新生命介入我們。我們這樣做時，便會經歷到將臨期靈性的真正意義。

表3：將臨期靈性總結

主題	屬靈重點
將臨期的意義是甚麼？	客觀上：以色列渴望彌賽亞。 主觀上：渴望上帝的靈全新地介入我們。
為甚麼以賽亞先知是將臨期這個節期的先知？	以賽亞的信息預備以色列接受彌賽亞的臨到（第一次出生），以及祂在歷史終結時的終末掌權。
以賽亞向我們示範怎樣的靈性？	他聚焦在上帝的聖潔上；他視自己為罪人；上帝介入他——這就是將臨期的節奏。
以賽亞給以色列和我們的**普遍**信息是甚麼？	與上帝一起模塑歷史；上帝有能力拯救以色列（和我們）；上帝會挽回以色列（和世界）。
以賽亞給以色列和我們的**特定**信息是甚麼？	你們的崇拜是死氣沉沉的；要悔改轉向上帝；上帝會差派救主臨到。
以賽亞的信息怎樣應用在將臨期的崇拜和靈性上？	祈求上帝介入我們，並活在盼望上帝來到我們的生命和歷史中。
施洗約翰怎樣反映將臨期靈性？	他惟一的使命，是指向耶穌，祂是那位要來的彌賽亞。 他的生活樣式是捨己的愛。
耶穌的母親馬利亞怎樣反映將臨期靈性？	她預備好做上帝要求她做的事。 跟隨馬利亞的榜樣，我們要開放地接受上帝。我們的禱告來自她的話：「情願成就在我身上」（路一38）。
模塑我們將臨期靈性的三個臨到是甚麼？	渴望基督重新來到我們自己的生命； 祂在伯利恆臨到，成為我們的救主； 期待歷史終結時祂會拯救世界，在新天新地建立祂的統治。

將臨期的禱告

慈悲的上帝，祢曾差遣祢的使者——先知——勸人悔改，預備我們得救的道路；求祢賜恩典，叫我們留意他們的警告，棄絕我們的罪惡。如此，我們就可以滿懷喜樂，歡迎我們的救主耶穌基督的降臨。聖子和聖父、聖靈，惟一上帝，一同永生，一同掌權，永世無盡。阿們。

選自《公禱書》

思考問題

1. 我們自身以及教會的現況，與以賽亞在歷史中的時刻和以色列屬靈的停滯相比，是怎樣的？
2. 以賽亞的信息可以怎樣應用於我們今天的處境？
3. 將臨期的三個人物（以賽亞、施洗約翰、耶穌的母親馬利亞）中，哪一個體現了你的將臨期呼召？怎樣體現？
4. 你需要上帝怎樣介入你裏面？

將臨期的崇拜資源

以下的崇拜和講道資源可以在 Robert Webber, ed., *The*

Services of the Christian Year, vol. 5 of *The Complete Library of Christian Worship*（Peabody, MA: Hendrickson, 1994）, 107～53 中找到。

- 將臨期的講道經文
- 燃點將臨期蠟燭
- 「O」應答（The "O" antiphons）
- 將臨期的傳統始禱（opening prayer）
- 將臨期崇拜的禱文
- 將臨期的頌歌
- 將臨期信仰的確立
- 將臨期的聖餐禱文
- 將臨期的祝福
- 將臨期崇拜的藝術
- 將臨期崇拜範例

第三章

聖誕期——
基督在我們裏面出生的時候

基督成為人的兒子，讓我們得以成為上帝的兒女。如果祂沒有降卑來到我們中間，我們沒有人可以靠著自己的善行，去到祂那裏。

利奧一世

我們大部分人都可以深入自己的記憶，回想童年的一兩個聖誕節。我最早的兩個關於聖誕節的童年記憶，形成強烈的對比。

我在比屬剛果（Belgian Congo；現在的剛果共和國）的叢林長大。我對聖誕節其中一個最清晰的記憶，是在我父母的宣教工場米格魯（Mitulu）慶祝的。它在美麗的非洲森林深處，距離最近的市鎮一百五十英里。我們的房子在一片空曠的土地上，三面都被森林圍繞，餘下的一面，面向一座顯眼突兀的小山，在那裏還可以找到食人族。嶙峋的石上有野生的灌木和花朵，沿其彎曲而上，有一條小徑，多個世紀以來，朝聖者都經此走到山頂，觀看廣闊而美麗的非洲森林。

在那些非洲基督徒的生命中，聖誕節是十分特別的一天——不是因為他們交換禮物或佈置聖誕樹，而是因為在這一天，他們有一個特別的歡慶道成肉身的方式。大清早，村民聚集在山腳，走上彎曲的小徑，採集色彩繽紛的野花，然後慢慢走下山，唱著聖誕頌歌。這個儀式在以下環節到達高潮：他們圍繞我們的泥屋，將野花插在宣教士的宿舍四周，唱更多關於上帝兒子出生的歌曲。我喜歡回想這一切的奧祕、喜樂、和平。

第二個記憶要追溯到我在新澤西（New Jersey）文特諾（Ventnor）的團契之家（Houses of Fellowship）這個給宣教士暫時居住的地方慶祝的第一個聖誕節。我當時七歲。聖誕節早上，我們起來，發覺聖誕樹下放滿禮物。我從未見過這麼多禮物，急不及待走進這堆禮物中。但父親告訴我們，我們要先讀聖誕故事和禱告。我只聽到「阿們」這句話，然後便好像從未收過禮物的人那樣，走到禮物堆中。

我回顧這兩個經驗時，第一次在非洲的經驗，它的奧祕令我留下深刻的印象。我們在歡慶一些我們不完全明白的事情。但非洲的基督徒，忠於他們與自然的奧祕那更原始的關係，選擇一種詩意和象徵的姿態（gesture），意味深長地歡慶聖誕節。我這些年來都記著那經驗，現在仍未窮盡它的意義。

在美國的第二個經驗，當時給我的印象只是十分豐富，以及我有幸收到很多禮物，多得不知如何處置。不過，我現在思想那經驗時，閱讀聖誕節故事和大量禮物之間的對比，吸引著我：一些屬天和屬神的事物，以及一些屬地和屬人的事物並置。第二個記憶以一種奇怪的方式，向我講述上帝在基督裏成了肉身——上帝的同在，以人的形象（human form）出現。

這兩個意象——奧祕和道成肉身——在聖誕期，處於我們屬靈朝聖的核心。讓我來闡釋這兩者吧。

經歷聖誕節的奧祕

我不知道有任何其他進入「在聖誕期發生的奧祕的意義」之方式，是比過聖誕期的平安夜古老的守夜（ancient vigil）更好的。我並不是經常參加這種守夜，因此我第一次參加守夜聚會的記憶，仍然歷歷在目。稍後我會思想那崇拜，但我想先評論我歡慶聖誕節的舊有方法。

我感到尷尬的是，在更留意歡慶聖誕節的古老方式之前，我的聖誕節經驗，在屬靈上，沒有我想的那麼激發人心。在我的教會，總有特別的燭光歌唱聚會，它伴隨著兒童的表演。但這總在聖誕節前的主日晚上舉行，而由於我們沒有將臨期的準備，它成了我生命中一件因循的事件，與世俗事件沒有多大分別。聖誕節也沒有特別的屬靈意義。當我還是單身，以及結了婚仍沒有孩子時，那是舉行愉快、純潔、有趣的舞會的晚上。孩子出世後，那晚上要令他們冷靜下來，讓聖誕老人可以帶禮物來。聖誕節就像我在文特諾的經驗——閱讀那故事、拆禮物、美味的晚餐，以及與家人和朋友一起的時間。它談及上帝的豐盛，卻缺乏奧祕。

聖誕節的意義

根據初期教父，聖誕節不單是豐富地施予之時。我們的崇拜，擁有特別、神聖的特質。說平安夜的崇拜有神聖的特質，指向在道成肉身中發生的救贖奧祕。透過聖誕節守夜的信息及其可感知的記號，我們講述和演示一種奧祕，它觸及人類存在的意義。因此，當我們真誠地說出和踐行這禮儀，並做到我們聽到、說出的事情時，上帝以聖誕節的屬靈意義模塑我們。在這崇拜中，我們不單歡慶基督在伯利恆出生，也歡慶基督被釘十字架、復活、再來，以及基督**在我們裏面**出生。藉著向聖誕節的意義開放我們的心和思想，它帶我們進入它象徵的實在。

最果敢有力地說出平安夜崇拜的神聖本質的教父，是羅馬主教利奧一世（公元440年），他認為聖誕節不單是個感人的故事，也是我們救恩的始點。聖誕節指向逾越奧祕，它已經隱含復活事件。因此，利奧一世認為聖誕節是「基督出生那天的聖禮」，號召我們「思想主的出生，在其中道成了肉身，不是作為我們回想的過去事件，而是作為我們凝視的**現存實在**（present reality；強調為後加）」。[1] 心裏存著這個對崇拜的看法，讓我講述古老平安夜守夜的內容，並顯示它怎樣歡慶救贖的奧祕，這奧祕在歷史中發生，現在也在我們中間發生。

我第一次參加平安夜守夜時，不知道自己正踏出慣常歡慶聖誕節的方式，親身進入一個原始的拯救事件。我以為自己只是參加另一個燭光崇拜，或許更美麗，禮儀更豐富，而非在性質上有所不同。

平安夜守夜

東西方的禮儀傳統都相信，我們踏進教會的聖所時，便離開了地上，進入天上的領域。在近乎黑暗的聖所，拿著進入時派發的小蠟燭在座位坐下時，我知道有些事情是不同的。我坐在那裏，看到教會宣告的奧祕的影兒——十字架、主餐桌、講壇、浸池、朝天的圓拱頂部。我聽到在我後面的詩班、襄禮、聖職人員預備行列時細碎的腳步聲。我閉上眼睛，好奇地等候，期待崇拜開始。每個人都站起來，我也跟著站起來，大家轉向教堂後面，看著行列站在陰影中。

一根蠟燭點起，微弱的光照在主禮頭上、襄禮的肩膀和前面幾個詩班成員的肩膀上。接著一把具穿透力、感染力的聲音響起：「在我們主耶穌基督裏的光明及和平」，會眾有力地歌唱、宣告、回應說：「感謝上帝。」接著風琴奏起，琴聲在我們高唱偉大的將臨期歌曲時充滿聖所：

以馬內利，懇求降臨，
救贖釋放以色列民，
淪落異邦，寂寞傷心，
引頸渴望神子降臨。
歡欣！歡欣！以色列民，
以馬內利必定降臨。[2]

當我們歌唱這有力的禱告，祈求基督來臨時，主禮、襄禮和詩班前進。途中他們點燃站在座椅末端那些人的蠟燭，那些人跟著點燃自己旁邊那人的蠟燭。會眾唱到最後一節時，行列的人已就位，喇叭加入，再加上人聲和風琴聲，那地方充滿了天上的聲音（sounds of heaven）。蠟燭的明光充滿聖所，令我們感到好像站在天堂，唱最後幾節的其中一節時，我們彷彿圍繞著上帝耀眼的寶座：

大衛之鑰，懇求降臨，
為我眾人大開天門；
鋪平我眾登天路程，
關閉人間痛苦路徑。[3]

接著主禮直視我們，以強而有力、清晰的聲音宣告：

> 我們原不是傳自己，乃是傳基督耶穌為主，並且自己因耶穌作你們的僕人。那吩咐光從黑暗裏照出來的上帝，已經照在我們心裏，叫我們得知上帝榮耀的光顯在耶穌基督的面上。
>
> 林後四 5～6

接著主禮召喚我們祈禱，他的聲音直達天上，親近上帝：「上帝啊，祢曾經使這聖善之夜，發出明亮的真光。求祢使我們在地上已經認識這真光奧祕的人，也可以在天上完完全全地享受這光。聖子和聖父、聖靈，惟一上帝，一同永生，一同掌權，永世無盡。阿們。」[4]

我們仍然站著，回應這開場的經文和禱告，唱著《父愛誕生》（*Of the Father's Love Begotten*）。[5] 接著我們聆聽上帝的話的宣讀，並加插詩篇和三疊哈利路亞（threefold alleluia）：上帝安慰百姓，呼喚他們預備接受救贖（賽四十 1～11）；在時候完滿時，上帝差派祂的兒子，祂要永遠施行統治（來一 1～12）；道成了肉身，我們看見上帝的榮耀（約一 1～18）。

接著是講道，講述聖誕節的意義。宣讀信經後有禱告，然後是平安禮，接著唱一首聖詩，然後守聖餐。踏出座位，走到聖餐桌前接受餅和酒時，我知道自己在參與一個行動，召喚我進入信仰的核心，進入基督在我心中出生的奧祕。這崇拜不單是在理智上回想一個偉大的故事，也是與在伯利恆出生的嬰兒神聖地相遇。我準備接受那嬰兒，祂注定要獻出自己的生命，勝過我生命中和世界上邪惡的力量。當我舉起手接受生命的餅，張開嘴迎向酒杯，接受救恩的杯時，會眾在唱泰澤（Taize）感人的詩歌「耶穌啊，你的國降臨的時候，求你記念我」。馬槽和十字架相遇，在那一刻的奧祕中，上帝的恩典觸及我，祂赦免我們的罪，醫治我們受傷的生命，號召我們進入盼望中。我和會眾一起加入結束的禱告，對它的意義有新的感受：

全能永生的上帝，
我們感謝祢，
因為祢已經以祢的聖子——
我們的救主耶穌基督最寶貴的聖體和寶血，
作為餵養我們的靈糧，
使我們在這奧妙聖事裏，
確實知道我們是屬聖子身體的活潑肢體，
並且承受祢永遠的國。
天父啊，現在求祢差遣我們，
做祢託付給我們的工作，
敬愛祢，服事祢，
作我們主基督忠心的見證人。
但願尊貴、榮耀，歸於聖父、聖子、聖靈，
從現在直到永遠。阿們。[6]

平安夜守夜的主題

模塑我們的靈性這偉大的崇拜的主題是甚麼？首先，十分重要的是，聖誕節的守夜是在晚間。在古代教會，晚上不單是睡覺的時候，也是默觀禱告的時候。古代基督徒視晚上為期待主再來（*Parousia*；第二次來臨）的時候——渴望耶穌回來，消除邪惡的力量，在整個世界建立祂的國度。在基督教神學中，晚間總有特別的意義。

救贖的偉大事件在晚上發生：以色列從埃及得釋放、設立主餐、耶穌死時世界變得一片黑暗、黎明前的復活，當然還有耶穌在晚間出生。

第二，在平安夜守夜，燃點蠟燭，觸及一個重要的神學信念：光在黑暗中迸發，象徵基督是世界的光。正如約翰指出：「光照在黑暗裏，黑暗卻不接受光。」(約一5)這光是耶穌：「那光是真光，照亮一切生在世上的人。」(約一9)

第三個主題已經由光明和黑暗之間的對比象徵，那就是將臨期的期待已經實現了。讀經和禱告，令敬拜者與「將臨期的渴望的實現」相遇。就像初期基督教的講道，這崇拜宣佈時候已經完滿，以色列的渴望達成，彌賽亞來了！藉著守將臨期激發的聖誕期靈性，令聖誕期在屬靈上更令人滿足。我們帶著屬靈期望進入聖誕期。它成了一個時機，讓基督在世界和我們心裏重新出生，號召我們更深地委身，成為基督號召我們成為的新人，活在祂再來的期望中。

這委身的呼召，由與「奇妙的交往」(wonderful exchange)相遇激發，這是聖誕節守夜的第四個主題。古代的教會驚歎在道成肉身中發生的交往。從時間以前已經存在的那一位，現在被時間、空間、歷史限制。祂成了我們其中的一分子，讓我們得以與祂合一。

在這裏，在道成肉身發生的「奇妙的交往」中，我們觸及對我們的靈性有終極重要性的一件事情。在這個行動中，我們受感動去默觀一個深不可測的奧祕——救恩的奧祕——我們個人與基督聯合，並且透過基督，與上帝聯合。

聖誕期靈性

在我們聖誕期靈性的核心，是十足的上帝成為十足的人，消除邪惡的力量，將受造物和創造挽回到上帝起初對世界的意旨這奧祕。聖誕期作為我們將臨期期望的實現，教導我們：挽回創造的工作已經開始。

有些現代神學家想將道成肉身除去，把它看作一個神話。自由派說，道成肉身是需要拆解的最後一個基督教神話。在十六世紀，我們除去「基督在餅和酒中臨在」這神話；在十八和十九世紀，我們克服了「聖經」（divine Scripture）這神話。根據這個觀點，教會在除去對聖餐和聖經的超自然觀點上，做得很好；因此，我們將「上帝實際成為人」這個觀念去神話化，也會做得同樣好，甚至更好。

但在初期教會，人們相信那是真實的，是歷史的事實。上帝，以色列的聖者，宇宙的創造者和維持者，活在耀眼和永恆的光中的那一位，真實地由童女所生，成為人類的一員。正如愛任紐寫道，他「由祂自己創造的秩序而生」，[7] 或者正如拜占庭（Byzantine）傳統一首基督教聖詩宣告的那樣：「今天童女在本質上（in essence）生了那位超越萬有的。」[8]

初期教父喜歡思考上帝成為人的弔詭，因為在這裏，宇宙的弔詭建基於神—人（God-man）的奧祕。一個古老的東正教禱文宣告：「將整個創造握在手中的祂，今天由童女所生；那位本質不能被觸摸的，成為嬰兒被包在襁褓中；從亙古開始創造諸天的上帝，躺在馬槽裏；在曠野賜嗎哪給百姓的那一位，成為吃奶的嬰兒。教會的新郎引來東方的博士，童女的兒子接受他們的禮物。基督啊，我們敬拜祢的出生。」[9]

正如拿先斯的貴格利（St. Gregory Nazianzus）在公元三七九年的一篇講章中宣告：「今天宣告的奧祕是神奇的：在上帝成為人時，人的本質更新了；他仍然好像以前一樣，也成了他以前不是的那樣。」[10] 對初期基督徒來說，道成肉身不是神祕的觀念，不像希臘的神祇變成人的故事，它也不單是從希臘哲學吸收的純智性觀念；它是活著的實在，是他們的靈性不可或缺的。但道成肉身對我們的靈性，意味著甚麼呢？

首先，聖經—歷史（biblical-historical）傳統教導我們，道成肉身是我們靈性的出發點。為了明白這個主張，讓我們更仔細看道成肉身的意義。那意義包含在一個弔詭中，那弔詭首先從上帝那邊，然後從人那邊，看上帝與人的聯合。總而言之，上帝自己與人聯合，讓男人和女人得以與上帝聯合。道成肉身不是與我們無關的事情；它與我們的靈性大有關連——因為道成肉身不單將上帝帶到人類的本性，也將人類的本性帶給上帝。

道成肉身的靈性：上帝與人聯合

靈性的觀念始於默觀成肉身的道，這是約翰福音的主題。我們蒙召，不止息地默觀這不可測的俯就的奧祕。約翰告訴我們：「道成了肉身，住在我們中間，充充滿滿地有恩典有真理。我們也見過他的榮光，正是父獨生子的榮光。」（約一 14）神聖俯就（divine condescension）的關鍵，是在上帝的兒子中，看到上帝的「榮耀」。

在以色列，上帝榮耀的彰顯總是連繫到上帝的同在，上帝的榮耀總是從遠處可見——白天的雲柱和晚間的火柱（出十三 21～22），或以色列進入與上帝的約時，榮耀的上帝的顯現：「在山上有雷轟、閃電，和密雲，並且角聲甚大……西奈全山冒煙，因為耶和華在火中降於山上。」（出十九 16、18）以西結也看見上帝榮耀的異象。他以閃閃生輝的意象談及這異象：「藍寶石……火的形狀……周圍也有光輝……雲中虹的形狀怎樣，周圍光輝的形狀也是怎樣。這就是耶和華榮耀的形像。我一看見

就俯伏在地。」(結一 26 ～ 28)

摩西、以色列百姓、先知看見包圍在榮耀和耀眼的光中的，是上帝的榮耀——我們在伯利恆出生的嬰孩臉上，看見同一種榮耀，那是上帝的榮耀完全存在於耶穌裏，祂是上帝成了肉身。因此，在天主教十二月二十四日的禮儀中，進入平安夜結束時的「應答進入禮」(entrance antiphon)是合適的：「今天你會知道主正來臨，在早上你會看見祂的榮耀。」[11] 上帝的榮耀是上帝的神性與人性聯合，藉以令人與上帝聯合。在道成肉身中，人的本性——我們人的本性，我們與耶穌分享的本性——決定性地與上帝聯合！

為了明白在神—人中，神性與人性的聯合怎樣聯繫到我們的靈性，我們必須在更大的宇宙意義(cosmic sense)下看它：因為罪，我們自己意志的選擇，令人的本性與上帝分離。第一亞當令我們違背上帝——我們沒有能力挽回這種違背。沒有人，無論那人多麼悔罪、多麼好、多麼道德和正直，能夠令男人和女人恢復與上帝的團契和聯合。因為是人破壞了與上帝原來的關係，與上帝的關係需要由人恢復。不過，由於沒有人有能力恢復那關係，於是上帝成為人，恢復我們與祂的關係，這在道成肉身中成為現實，那時神的本性與人的本性聯合。**人類因為不能升到上帝那裏而不能實現的，上帝藉著降**

到人那裏而實現了。在這神聖的行動中，上帝與人的聯合得以顯明。或許因為這樣，基督出生時，眾天軍讚美上帝說：「在至高之處榮耀歸與上帝！」（路二14）

沒有上帝開展與人的關係，便不會有靈性這種東西。這關係可以追溯到我們歡慶聖誕節那重要的一刻——上帝與我們同在。但源自道成肉身的靈性還有另一面，那就是人的本性必須選擇與上帝聯合。

道成肉身的靈性：人與上帝聯合

道成肉身神聖的一面向我們顯示，上帝實際上是天堂的天獵（hound of heaven；編按：該詞出自十九世紀英國詩人湯樸生〔Francis Thompson〕的詩 *The Hound of Heaven*，言及上帝恆久忍耐、不捨不棄的恩典。）——上帝尋找我們，上帝開展與我們的關係，道成肉身是這真理的至高例子。

它的另一面是人的意志必須回應上帝。在道成肉身中，分享我們的人性和意志的耶穌，選擇與上帝聯合。古老的基督一志說之爭（monothelite controversy），圍繞一個問題：耶穌有沒有人的意志？爭論的答案是**肯定**的。耶穌定意與上帝聯合，並一生定意順服上帝的旨意。從人的角度看，耶穌不是機械人，不是以明確的決定論（determinism）生活的機械人。祂人類的意志和我們的同樣真實，祂要以那意志作出真誠的選擇。耶穌的人性完全選擇與上帝的旨意合作。身為人，祂實現與上帝的聯合。祂是惟一與上帝聯合的人，而祂是為了我們所有人這樣做的。

這是我們靈性的另一面。正如耶穌定意透過在地上的生命，與上帝聯合，我們也蒙召透過耶穌與上帝聯合，將我們的意志與耶穌的意志聯合。

我們需要在更大的圖畫中，來看我們靈性的這一面。正如亞當的本性因為罪而與上帝隔絕，所以亞當的意志因為他選擇反抗上帝而與上帝隔絕。在道成肉身中，第二亞當基督修補了我們的本性和意志。由於祂以人的身分這樣做，我們分有同樣人性的人，現在有可能在生命中，透過耶穌基督與上帝聯合。

但我們怎樣實現與上帝的聯合？與上帝聯合宣告：道成肉身惟獨透過上帝的恩典實現。上帝的恩典環繞我們，使我們得以與基督聯合。

道成肉身是上帝恩典的作為，包括基督的生命、十字架和空墳墓。因為藉著上帝在這些事件中傾出的恩典，我們便有可能除去與上帝的隔絕。我們藉著活在耶穌基督裏面，支取這恩典、選擇這恩典、進入這恩典。

現在問題是：我們可以怎樣真正進入這恩典？意志必須做甚麼？用聖經的話來說，意志必須歸信基督；它必須脱去舊人，那是根據第一亞當設計的；並穿上新人，那是根據第二亞當設計的。所以保羅寫道：「所以，要治死你們在地上的肢體，就如淫亂、污穢、邪情、惡慾，和貪婪（貪婪就與拜偶像一樣）……穿上了新人。這新人在知識上漸漸更新，正如造他主的形像……所以，你們既是上帝的選民，聖潔蒙愛的人，就要存憐憫、恩慈、謙虛、溫柔、忍耐的心。」（西三 5、10、12；參 1 ～ 17 節。這活像基督的生命取向，是聖靈的工作，由我們在洗禮中將身分與基督結連象徵。

在這裏，保羅在描述一種道成肉身的靈性。生命「與基督一同藏在上帝裏面」（西三 3）的人，在創造主的形象中更新（西三 10）。因此，那人現在活著的生命，是在基督裏的生命，這種生命，表達了藉著聖靈透過基督與上帝聯合的真正意義。

歸信和受洗象徵我們與耶穌基督聯合，洗禮既宣告福音，也表達我們接受上帝的恩典。在頭三個世紀，教會以洗禮作為歸信過程的高峯。君士坦丁（Constantine）之後，教會轉向嬰兒洗禮。沙漠教父視嬰兒洗禮為上帝恩典一種隱藏的同在，等候靈魂的渴望。這美麗的意象，也可以應用到成人洗禮，捕捉了我們與基督聯合的神、人兩方面。在道成肉身中，上帝和人的完美聯合實現了。在祂為我們所有人的死亡和復活中，祂實現了道成肉身的意旨。在洗禮的靈性中，我們活出與祂的人性聯合的生命，並透過祂與上帝聯合。

古老傳統的基督教作家區分了人們在聯合中必須有的三個階段：意志的歸信（conversion of the will）、脫離激情（liberation from the passions）、取得那完美的愛（acquisition of that perfect love）。第一個階段是靈魂的歸信，植根於悔改。悔改是轉離我們有罪的狀態，轉離第一亞當。但在古老傳統中，悔改不是單一、一次過轉離罪的行動。它是不斷地、每一天、每一刻轉離邪惡，轉向與上帝聯合的生命。悔改是持續回到我們洗禮的誓言。聖誕期的靈性，即道成肉身的靈性，這靈性令悔改變得可能。因為在道成肉身中，上帝成為我們的一分子，祂擁有我們的本性和意志，以我們的本性生活，但卻從不選擇邪惡。因為祂勝過邪惡，祂令我們這些祂選擇分有人本性的，可以在生命中對抗邪惡。藉著道成肉身的恩典，我們可以選擇歸向在基督裏的新生命。由於道成肉身，我們得到醫治。

第二個階段是脫離激情，這是得醫治的條件。在四世紀關於道成肉身的辯論中，引導正統結論（orthodox conclusion）的一個公理（axiom）是：「只有上帝承擔的，才得到醫治」。如果上帝在道成肉身中承擔了人的本性而不是意志，那麼只有人的本性會得到醫治。但由於上帝承擔了人的意志，因此人的意志會透過與祂的人的意志聯合，從而得醫治。因此基督在道成肉身中轉離激情，使它們脫離第一亞當。在持續悔改中，轉向基督的人，可以持續脫離激情、肉慾、邪惡。我們轉離某些東西時，便轉向一些新的東西，我們轉向在基督裏的新生命。我們以新習慣和新的生活樣式，取代舊習慣和舊的生活樣式。我們變成新人，我們重新出生，在基督裏成為新造的人（林後五 17）。我們現在「順著聖靈而行，就不放縱肉體的情慾了」。而「聖靈所結的果子，就是仁愛、喜樂、和平、忍耐、恩慈、良善、信實、溫柔、節制」（加五 16、22～23；參 16～24 節）。

這從舊到新的過渡，帶我們進入屬靈進展的第三階段：在與上帝的聯合中取得那完美的愛。我們人的本性，有可能透過禱告與上帝聯合，因為基督將祂人的本性與上帝聯合。

與上帝聯合的禱告，不是積極代求和請求的禱告，而是默觀的禱告，心完全向上帝開放的禱告。在心的禱告中，我們默觀世界，求告上帝，現在在我們生活的樣式中給那世界力量。這樣，我們守著保羅的勸勉：「你們要思念上面的事，不要思念地上的事」（西三 2）。心是一個中心，擴散到整個人，它向上帝普遍的同在開放，正如初期教父的教導：緊抓著將來世界的祝福的人，會被模塑成基督的形象。

沙漠教父稱它為「耶穌禱文」(Jesus Prayer)，認為它最基本的元素是經常重複主的名字。在《尚美臻善——東方教父聖言集》(*Philocalie*)中有一個故事，有人問馬卡留斯修道院院長(Abbot Macarius)怎樣禱告時，他回答說：「不用浪費時間在言語上；張開雙手說：主啊，根據祢的旨意和祢的智慧，憐憫我吧，這已經足夠。如果你在艱苦搏鬥中，說：主啊，拯救我！祂知道甚麼對你是最好的，祂會憐憫你。」[12]

這個禱告方法是說：「主耶穌基督，上帝的兒子，可憐我這個罪人吧」，直到禱告與心跳同步，令人在耶穌裏安息。

我們整個生命都要成為禱告的生命，成為持續轉向上帝的生命，成為倚靠、信賴、信靠活著的上帝的生命。「耶穌禱文」的持續性，令我們得以常在與上帝的永恆關係中。如果你從沒有試過這樣禱告，我將它推薦給你，在你早上醒來時、駕車時、在家裏或退修的地方休息時、晚上睡覺時，一再說：「主耶穌基督，上帝的兒子，可憐我這個罪人吧」。雖然這個禱告曾經是修道士獨享的，十九世紀一位佚名作者的著作《朝聖者之路》(*The Way of the Pilgrim*)顯示，這個禱告可以怎樣成為任何委身於「活在上帝同在中」、「活在上帝在耶穌基督裏啟示的榮耀中」的人生命的中心。

最後，透過禱告與上帝聯合時，帶來愛的果子。愛是聖靈的恩賜。正如初期教會教導，道成肉身的愛是「神聖本質的生命」(the very life of the divine nature)。在這裏，道成肉身的果效在我們裏面工作，因為上帝在聖誕節的恩賜，真正和有效地將神聖的本質傳遞給我們。我們選擇悔改、歸信、轉離激情、取得愛的道路時，便得到這恩賜。這種透過愛與上帝的徹底聯合，透過愛鄰舍表現出來，那是耶穌自己在捨己中表現出來的愛。因為在聖誕節臨到的那一位，不是來透過政治權力統治地上的王國；祂來服事世人，獻出祂的生命，作多人的贖價。

這樣理解靈性，植根於上帝在耶穌基督裏成了肉身的古典的聖經和歷史觀點，也就是我們在平安夜守夜歡慶的救恩奧祕。忽略道成肉身靈性這個面向的神學，便失去了古老的靈性和基督教必不可少的特點。它不再有力量幫助我們明白上帝——祂在童女腹中成為我們的一分子，並在猶大的伯利恆由她所生——帶給我們生命的醫治性觸摸，也不再有力量幫助我們靠那觸摸生活。

活出道成肉身的靈性

正如我較早時說過，道成肉身不是枯燥、智性的觀念，屬於形而上學的領域。相反，它是活生生的現實，有力量模塑我們的靈性，指導我們在基督裏成為新造的人。

保羅對道成肉身的靈性的理解

使徒保羅了解到道成肉身的實際靈性影響，並將它應用到腓立比教會。藉著這個例子，我們可以了解道成肉身怎樣在我們自己的生命中運作。

保羅寫信給腓立比人時，其中一個主要關注是教會的分歧。教會明顯由兩個女人帶領，分成兩派：「我勸友阿蝶和循都基，要在主裏同心。」（腓四 2）這裏保羅要求她們停火，在基督的身體裏和諧地合作。但我們必定不能將這呼籲脫離更大的背景來看。篇幅不容許我全面評估這卷書，我只想說，保羅的呼籲是根據二章那首聖詩表達的道成肉身提出的。他介紹這首聖詩時說：「各人不要單顧自己的事，也要顧別人的事。」（腓二 4）接著他呼籲他們：

> 你們當以基督耶穌的心〔也就是道成肉身〕為心：他本有上帝的形像，不以自己與上帝同等為強奪的；反倒虛己，取了奴僕的形像，成為人的樣式；既有人的樣子，就自己卑微，存心順服，以至於死，且死在十字架上。所以，上帝將他升為至高，又賜給他那超乎萬名之上的名，叫一切在天上的、

地上的，和地底下的，因耶穌的名無不屈膝，無不口稱「耶穌基督為主」，使榮耀歸與父上帝。

腓二 5～11

保羅告訴他們和我們的是：在基督裏，表示你們必須以道成肉身的樣式生活，設身處地為他人著想。道成肉身的生活是艱難的任務，對一世紀的友阿蝶和循都基如此，對今天二十一世紀的我們也一樣。我們可以提出很多反對的理由：「但**我的**觀點又怎樣？」或者「我只會任人踐踏」。無論如何，信息是清晰的：「不要以自己的利益作為主要的關注。應該像耶穌那樣，總是關心別人的好處」。這就是道成肉身的靈性。它是生命中的謙卑（humility），是聖誕節號召我們活出的。

道成肉身的靈性的聖誕期例子

在聖誕期選讀的經文，其主題背後的關注是：道成肉身在上帝百姓生命中的延續。驟眼看來，聖誕節後那三個節日（the three feast days），似乎奇怪地與聖誕節格格不入——司提反、約翰、被屠殺的神聖無辜者（holy innocents）。不過，在這裏，我們有三個謙卑的例子——這些人關心別人先於關心自己。司提反是第一個殉道者，他被帶到公會，被誣告教導褻瀆的事情時，沒有為自己辯護

（徒六 13）。相反，他宣講基督——那在他心裏燃燒的信息（徒七章），他在很多人的見證下被人用石頭打死，那些見證人包括掃羅，他後來成了宣教士保羅（徒七 58）。

福音書作者約翰的著作明顯號召我們為別人而活。他的人生目的不是服事自己，而是為耶穌的使命服務。他令人們轉向道，道「成了肉身，住在我們中間」，我們看見那榮耀，不是約翰的榮耀，而是「來自父那一位」的榮耀（約一 14）。

這道成肉身靈性的主題，也存在於神聖的無辜者中。雖然他們在這件事上沒有多少有意識的選擇，但他們為了福音，放棄自己無辜的生命，成了教會殉道者的模範（太二 16～18）。

我們聖誕期的呼召：謙卑的生命

根據道成肉身和它號召我們跟隨的道成肉身的靈性，我們似乎應該利用這節期，來默想和踐行謙卑的德性。在問「活出道成肉身的謙卑」是甚麼意思前，我們需要檢視自己有沒有適得其反。

謙卑的相反是自負。在自負中，我們看自己，而不是看上帝。我們因為自己的天分、能力、洞見、成就、外表、在社會中的地位而歸功自己。我們拒絕承認我們得益於其他人、上帝的恩典、幸運的出生、優良的教育，或者別人對我們的關注。因此，我們沒有感激那些幫助我們達成或實現我們好處的人。自負產生虛偽；我們假裝擁有自己並不擁有的德性。自負也引致虛假的謙卑和判斷別人的態度，往往待人以嚴、律己以寬。自負以自吹自擂的話呈現，將事實誇大，吸引別人注意自己，自稱有能力、智慧、經驗、影響，實際上卻沒有。自負產生古怪的行為、壞脾氣、不悅、操控別人，去獲得自己想得到的東西。自負也尋求以權力、金錢、優渥的環境、物質財富，給別人深刻的印象，並總是尋求奉承和稱讚。

謙卑的相反也是傲慢。傲慢的人堅持別人配合他們的願望和計劃。他們要求別人承認他們的領導，以專橫、爭辯、固執、倔強的方式行事。傲慢也產生勢利。勢利的人對類似種族、家庭、性格等事情感到驕傲，炫耀自己的地位、教育、技巧或財產。

我為上面描述的自負和傲慢禱告時，發覺自己比自己以為的更經常如此。我明白我對基督的委身，它號召我與「基督分享的人的本性和意志」聯合。祂成為人，讓我可以效法祂，讓自己裏面有新人的特質。這些德性的其中一個，也就是我們選擇在聖誕期默想的那一個，是謙卑的德性。上帝呼召我們藉著進入基督，活出祂的謙卑，從而進入這節期的精神。

謙卑要求我們放下我們的自負、我們的傲慢、我們的勢利。我們要穿上基督，「不可貪圖虛浮的榮耀；只要存心謙卑，各人看別人比自己強」（腓二 3）。我們要來到耶穌面前，像祂命令的那樣，「你們當負我的軛，學我的樣式；這樣，你們心裏就必得享安息」（太十一 29）。因為「上帝阻擋驕傲的人，賜恩給謙卑的人」（雅四 6）。

接著，上帝呼召我們接受一種羞辱（humiliation）。前一段時間，我與一個較年長的學生一起吃午飯，他在大學的一座建築物擔任晚更門房，每個學期修讀一兩個課程。像慣常那樣，我詢問他的背景。令我驚訝的是，他有工程的碩士學位，曾經有頗好的生意。賣了那門生意後，他又成了十分成功的保險經紀。我問他：「約翰，為甚麼你現在打掃大廈？」「因為我想學習謙卑，有一天在宣教工場，服事我們的主。」初期教父經常勸人藉著接受羞辱，學習謙卑。

據說伯爾納（St. Bernard）曾經說過：「謙卑的人將羞辱變為謙虛。」只要我們感到羞辱，我們便不是完全謙卑。選擇羞辱，就是選擇結出謙卑之果實的恩典。

謙卑有很大的價值，但它不應是令我們驕傲的價值。謙卑是對抗魔鬼的有力武器，因為魔鬼對抗不了謙卑；謙卑是我們力量的來源，因為它號召我們將自己交託給上帝；謙卑給我們勇氣接受大事，因為我們信靠上帝而不是自己。謙卑令一切都變得可能，它以愛充滿我們，令我們看到自己而不是別人的缺點。

謙卑得以實現是恩典，它來自上帝的恩賜。我們在基督裏——這恩典的來源——遇見謙卑時，必須選擇它、與它合作。我們必須祈求謙卑的恩典，在遇到羞辱時接受它。我們心裏要避免注視別人的缺點，並看到自己的真面目；我們不應該為自己的善行尋求讚美。

最後，初期教父教導說，謙卑是所有德性的基礎，它在我們裏面動工，使我們活出基督號召我們在生命中活出的謙虛的真正精神。我們容許自己由道成肉身模塑時，上帝兒子的自我倒空，便在我們的言語和行動中，閃閃生輝。

結論

聖誕期怎樣模塑我們個人和教會的靈性？寫下來時，它顯得十分簡單——活出道成肉身的生命，與耶穌聯合。但事實上，對道成肉身的生命、與上帝聯合的生命的挑戰，是深刻地倒空自己，在生命中，與耶穌——成肉身的上帝合而為一。聖誕期的靈性主張，你在上帝裏的生命，是與耶穌基督聯合的恩賜，它號召你的生命進入祂的生命中。這奧祕在古老的聖誕守夜中呈現；在持續的悔改和禱告，與成肉身的上帝感同的默觀中繼續；並在你與別人的相處、你的靈和生命流露的謙卑中彰顯。聖誕期號召我們接受這種道成肉身的靈性，這種靈性在耶穌裏全面實現，作為恩賜賜給我們，由我們選擇活出。這樣，聖誕節即：在伯利恆出生的耶穌，在我們的生命出生的時候。

表4：聖誕期靈性總結

主題	屬靈重點
甚麼是聖誕期的意義？	「思想主的出生，在其中，道成了肉身，不是作為我回想的過去事件，而是作為我們凝視的**現存實在**。」(利奧一世)
甚麼是平安夜的崇拜？	不是旁觀，而是參與道成肉身的事件。 那是在**晚上**——上帝偉大救贖行動的時間。 蠟燭的**光**象徵基督的光照進黑暗的世界。 基督呼召我們「期待祂再來」地生活。
甚麼是聖誕期靈性？	即上帝成為人的奧祕，人藉著與上帝聯合勝過黑暗的力量。
甚麼是道成肉身的靈性？	即人與上帝聯合的奧祕。由於耶穌與上帝聯合，我們透過洗禮的象徵，在信心中與耶穌聯合，從而與上帝聯合。
關於我們與上帝的聯合，古老的步驟是甚麼？	步驟 1：歸信和持續悔改。 步驟 2：脫離第一亞當的激情。 步驟 3：持續禱告。
我們怎樣**活出**道成肉身的靈性？	道成肉身的靈性的生命是倒空自己。
舉出在聖誕期歡慶道成肉身靈性的三個榜樣。	司提反的殉道、施洗約翰被斬頭、神聖無辜者的犧牲。
我們應該採取甚麼態度活出道成肉身的靈性？	謙卑、接受羞辱、溫順。

聖誕期的禱告

全能的上帝，祢曾將獨生聖子賜給我們，承擔了我們的本性，為聖潔的童貞女所生。我們既得重生，又蒙祢施恩收為義子，求祢使我們受聖靈感動，日日更新。藉賴我們的主耶穌基督而求；聖子和聖父、聖靈，同享尊榮，永世無盡。阿們。

選自《公禱書》

思考問題

1. 基督的出生在你生命中，是現存、每天的實在嗎？
2. 你怎樣將道成肉身、死亡、復活連繫起來？
3. 你用甚麼言語或象徵來理解上帝與我們人性的聯合，以致透過我們與耶穌的聯合、藉著聖靈的工作，與父上帝聯合？
4. 你怎樣檢視自己是否活出道成肉身的靈性的實在？
5. 你對司提反、施洗約翰、神聖無辜者作為在聖誕期道成肉身靈性的榜樣，有何感想？
6. 你是否願意接受羞辱，經驗道成肉身的靈性？那可能是甚麼情況？

聖誕期崇拜和講道資源

參 Robert Webber, ed., *The Services of the Christian Year*, vol. 5 of *The Complete Library of Christian Worship* (Peabody, MA: Hendrickson, 1994), 157～208。

- 聖誕期崇拜的介紹
- 計劃聖誕期崇拜的資源
- 聖誕期崇拜的藝術
- 聖誕期崇拜範例

第四章

顯現期——彰顯基督的時候

> 繁星越過天空，三個博士由異地而來，大地在山洞迎接它的救主。沒有人不帶禮物來獻上、沒有人不心懷感激，我們歡慶世界的拯救、人類的重生。現在不再是「你本是塵土，仍要歸於塵土」，而是「你和天上接連，你會被帶到天上」。
>
> 巴西流（Basil the Great；公元 330 ～ 379 年）

我們所有人在某些時候，都經歷過不尋常的事件，給我們洞見、啟示或證明的事件。這些事件讓我們一瞥超越尋常的事物，邀請我們察看在尋常的平凡背後的實在。顯現期就是這種事件。

在基督教的聖經中，保羅用了**顯現**（epiphany）這個詞語三次。兩次指主再來，「等候所盼望的福，並等候至大的上帝和我們救主耶穌基督的榮耀顯現（*epiphanian*）。」

（多二 13；也參帖後二 8）**顯現**這個詞語第三次出現，是指基督第一次到來：「這恩典是萬古之先，在基督耶穌裏賜給我們的，但如今藉著我們救主基督耶穌的顯現（*epiphaneias*）才表明出來了。他已經把死廢去，藉著福音，將不能壞的生命彰顯出來。」（提後一 9～10）

在初期教會，顯現期的筵席本來歡慶基督的出生。不過，當基督的出生定在十二月二十五日，取代異教太陽神出生的節日後，顯現期變為彰顯耶穌為上帝的兒子、世界的救主的事件。在東方，顯現期是歡慶耶穌受洗的日子。不過，在西方，顯現期成了歡慶耶穌透過三件大事顯現的日子：博士到訪、耶穌受洗、迦拿婚宴。

今天，顯現期帶我們到達聖誕週期的終結，完成這節期期待和實現的主旋律。它也指向基督向世界顯現的開端。這事奉不單在一世紀發生，當我們現在歷經教會年曆逾越奧祕的揭示時，也在教會和我們裏面發生。

顯現日崇拜

在禮儀日曆中，聖誕期在一月五日——顯現日前夕才結束。不過，在我們的公曆，聖誕節在十二月二十五日後已經結束，新的一年開始，我們已經去處理新事物。可惜的是，因為這個原因，顯現期和它對我們屬靈朝聖可以帶來的影響，都沒有得到應有的注意。顯現期不單是關於三個博士的有趣故事，因為透過這事件，我們會經驗我們自己靈性的顯現。

三個博士

在西方教會，一月六日，顯現日那天，總是歡慶三個博士來到，將黃金、沒藥、乳香帶給耶穌。當然，問這些故事在二十一世紀，帶給我們的屬靈旅程甚麼價值是合理的。如果我們要深入顯現期的核心，到達它對我們的意義的靈魂深處，我們不單需要聆聽福音書對三個博士到訪的記述，也需要以默想的方式，參與包含這個故事的崇拜，因為救恩揭示的奧祕的這一部分，是模塑我們此刻至預苦期期間的屬靈經驗的關鍵。正如我們的聖誕期靈性由道成肉身的主題模塑，現在我們顯現期的靈性，會由基督作為世界救主的顯現這個主題模塑。正如道成肉身透過我們與基督聯合，**在我們裏面**得到延續，基督的顯現透過我們顯現期靈性的踐行，**在我們裏面**擴展。我們顯現期的旅程最好的出發點，是顯現日的崇拜。

我第一次參加顯現日崇拜時，不肯定應該期待甚麼。我在非禮儀傳統中成長，不知道**顯現**這個詞語的意思。當我翻查這個詞語，發覺它表示「出現或顯現，特別是關乎神聖的存有」。有趣的是，我發現這個詞語在古代世界有特別的意思，因為它被用來描述統治者的出現。孕育聖經和初期教會的同一種文化，以壯觀的場面歡慶統治者到訪。統治者到訪總是盛大的場合，大排筵席、情緒高漲。我假設那次的崇拜會歡慶主顯現——耶穌的出現，而且會十分鋪張。令我失望的是，只有很少人在場，而且場面不如我預期的那麼鋪張（當教會再次強調顯現期對我們屬靈生命的重要性時，這情況已有所改變）。不過，崇拜的內容，以及它對我的關於顯現期靈性的啟發，令我滿意。讓我與你分享吧。

我們站起來唱以下這首歌時，我立即被崇拜的意義吸引，也被它揭示救恩奧祕的戲劇性之處吸引：

這是甚麼星，那麼明亮，
比正午的陽光更美麗？
它照耀著，為君王報信，
把外邦人帶到祂的馬槽。[1]

同樣，我在那裏的意義，在牧師祈禱時，擊中我的思想和內心：「上帝啊，祢昔日用景星引導各國各族的人，使他們得見獨生聖子。現在我們憑信心認識祢，求祢引導我們到祢面前，使我們能夠面對面看見祢的榮耀。藉賴我們的主耶穌基督而求；聖子和聖父、聖靈，惟一上帝，一同永生，一同掌權，永世無盡。阿們。」[2]

那晚帶領我的星，是這崇拜。這星牽著我的手，引領我跪在我於聖誕節遇到的那一位的馬槽邊，以信心承認祂是上帝的兒子。但這相遇的目的，是帶領我更深入那奧祕，帶我與那嬰孩面對面，祂不單在我裏面彰顯，也向全世界彰顯。和其他人一起，我禱告說：「主啊，我向祢開啟我的心和思想，預備我到祢的同在中，看見祢的榮耀。」

接著我們坐下聆聽聖經。那天和每個顯現日選讀的經文相同：以賽亞書六十章 1 至 6 節、9 節；詩篇七十二篇；以弗所書三章 1 至 12 節；當然，還有三個博士的故事，馬太福音二章 1 至 12 節；以這個次序閱讀，它們全都配合那天的禱告，實現禱告的應許：「我們可以面對面看見祢的榮耀」。對經文的意思的幾個簡短評論，指向上帝的榮耀，在聖山（holy mountain）上曾經被視為遙不可及的威嚴，現在在耶穌基督裏存在，並透過祂，成為全世界所有百姓個人的經驗。

這些經文談到預言的應驗：上帝曾經遙不可及的榮耀，現在臨到全世界。顯現日標誌著預言的轉捩點。上帝的榮耀成了肉身，現在向三個博士彰顯，他們代表以色列以外的世界的百姓。從他們那裏，上帝彰顯的榮耀，將透過教會，擴展到全世界。

聖經作為一個整體，好像一個沙漏。沙漏的左邊有以賽亞和詩人的預言，他們宣告將來的顯現。馬太福音的經文在沙漏的中間，代表應許的到來。沙漏斗的右邊代表以弗所書的經文，那裏描述教會的工作，她蒙召向整個世界彰顯基督。上帝的榮耀已經來到地上，並將擴展到整個宇宙！這是顯現日的呼喊，是抓著我們的心，給我們盼望的呼喊，因為我們凝視上帝榮耀的臉。關於經文的幾個評論，將幫助我們看到顯現日宣告的實在。

讓我們看看福音書中三個博士的故事，只有馬太福音講述這個故事。故事恰恰配合馬太撰寫福音書的目的，其主題是：預言將在耶穌基督裏實現，以及祂在整個世界建立祂的國度。三個博士的故事實現了「基督的光會擴展到整個世界」這應許，三個博士代表以色列以外的世界，他們來敬拜基督，認祂為君王。

顯現日的主題十分接近馬太福音的核心。對初期基督徒羣體來說，這是一個帶來分歧的問題，甚至門徒也需要別人說服他們相信：基督不單為以色列人，也為整個世界而來（參徒十 1～十一 18）。馬太寫福音書給猶太羣體時，便有這個打算。基督不單來實現猶太人的預言，祂也來成為全世界的救主，而不單是猶太人的救主。這個信息不被輕易接受，因為它與猶太人的排他主義背道而馳。

關於顯現日的舊約經文支持「上帝的榮耀普遍顯現，耶和華的榮耀給地上萬國」這個激進的觀念。以前只有以色列才擁有的，現在屬於整個世界、屬於所有百姓、屬於外族人。因此以賽亞預言說：

> 興起，發光！因為你的光已經來到！耶和華的榮耀發現照耀你。看哪，黑暗遮蓋大地，幽暗遮蓋萬民，耶和華卻要顯現照耀你；他的榮耀要現在你身上。萬國要來就你的光，君王要來就你發現的光輝。
>
> 賽六十 1～3

詩篇七十二篇的信息也強調基督對世界的使命的普世性質：「他施和海島的王要進貢；示巴和西巴的王要獻禮物。諸王都要叩拜他；萬國都要事奉他。」（10～11 節）

舊約宣告預言，馬太描述預言在基督裏實現，新約書信則宣告地上萬國將聽聞基督——世界的光：「然而他還賜我這恩典，叫我把基督那測不透的豐富傳給外邦人，又使眾人都明白，這歷代以來隱藏在創造萬物之上帝裏的奧祕是如何安排的，為要藉著教會使天上執政的、掌權的，現在得知上帝百般的智慧。」（弗三 8～10）

教會是基督在世界的記號——耶穌在世界的持續顯現。教會不是建築物、教區或宗派，而是一羣百姓。我是教會；你也是教會。

當我聆聽這些經文和它們的解釋時，我明白到在崇拜中，顯現在我身上發生。我在基督裏面對面看見上帝的榮耀。這顯現、這主顯，不是過去的事情，在二千年前發生的事，而是**現在**在基督聚集的身體中出現，**在我裏面**的顯現。我蒙召，讓光進到黑暗，彰顯基督。我要做的是回應，對那呼召說「**好的**」，委身於成為中介，透過那裏，顯現可以擴展到馬槽以外，直達我日常經驗的世界。

當顯現在信經、禱告、平安禮、聖餐中，繼續加在我身上時，我發覺自己在抗拒顯現期的靈性呼召。我想將那崇拜當作供人觀看的戲劇。我想：「道成肉身是給我的，但顯現期是給別人的。它是給牧者、佈道家、宣教士的。他們蒙召接受顯現期的靈性。但上帝並不需要我顯現。」

這是我們都經歷過的張力。我們與「在日常生活中成為基督的見證」這個使命搏鬥。很多人逃避這使命，將我們的光藏在斗底下。但教會和基督身體每個成員的使命，是不能否定的使命。我們是祂的身體，是教會。而教會是上帝差派去實行使命的運動（movement）——這使命涉及我們所有人。稍後會再談這一點。

顯現日後

一月六日的崇拜以顯現期的核心觸及我們，號召我們踐行顯現期的靈性。顯現期歡慶的兩個偉大奧祕，繼續豐富和挑戰我們在顯現日後的經驗。這兩個奧祕是耶穌的洗禮和加利利的迦拿婚宴。

耶穌的洗禮

在顯現日後第一個主日歡慶耶穌的洗禮，對我們的靈性有重要的意義，因為它帶領我們深入逾越奧祕——我們靈性的源頭。耶穌受洗的主題是：救恩擴展到所有人，罪受到終極審判，耶穌獲宣告為上帝的兒子，上帝的羔羊除去罪，受膏為彌賽亞君王。因此，古代的基督教歡慶我們主的洗禮為主要的筵席——基督最初的顯現。事實上，我們主的洗禮在古代的聖像藝術（icongraphy）中，比很多基督生命中的其他事件，得到更多關注！

可惜，對很多基督徒來說，歡慶耶穌的洗禮只是另一個事件，沒有得到太多關注，除了作為回想基督生命中的獨特經驗的事件。在我們的屬靈朝聖中，上帝呼召我們突破關於耶穌的洗禮的被動態度，恢復這事件對我們自己靈性的完整意義。因為耶穌的洗禮不單是發生在耶穌身上的事件，也是發生在我們身上的事件。它界定我們的靈性，給我們動力，成為我們要成為的那種人。

像耶穌的生命中所有其他事件一樣，我們主的洗禮充滿意象，這些意象對我們自己的靈性的意義，彰顯著有力的洞見。其中一個最突出的意象是約旦河。

初期教父視約旦河為我們自己的洗禮。就像紅海，約旦河象徵以色列人生命中一種重要的過渡。以色列民經過約旦河，離開曠野的飄流，進入上帝的應許之地。約旦河是水的通道，那象徵表示從一個狀況轉到另一個狀況。

在約旦河接受約翰施洗，是耶穌生命中一個特別的轉捩點，由隱藏的時期，轉為顯明祂是上帝的兒子，來除去世界的罪的時期。因此，我們歡慶耶穌的洗禮時，不單歡慶祂的洗禮，也歡慶洗禮對我們的意義。

要掌握我們歡慶耶穌的洗禮時所做的事情的意義，我們必須先感受那洗禮對耶穌的意義，然後問它今天對我們有甚麼意義。首先，耶穌是**為了祂要為之而受死的百姓的罪**受洗。洗禮和十字架是有連繫的——洗禮的真正意義在逾越奧祕中。這個詮釋由約翰確認，他給聽眾一個驚人的啟示：「看哪，上帝的羔羊，除去世人罪孽的！」（約一29）在這些話中，約翰清晰地表達了他自己經驗的一個實在。耶穌來接受他施洗時，他已經知道幾件事情。他知道有人會在他之後來，是比他更大和更重要的（太三 11～12），他也從以賽亞那裏知道，聖靈會降在彌賽亞身上（賽十一 1～2；約一 32～33）。因此，由於伴隨著耶穌受洗的那些象徵，約翰可以有信心地說：「這是上帝的兒子。」（約一 34）

約翰的啟發，以及我們理解洗禮和十字架怎樣交織的關鍵，在於**羔羊**這個詞語。可以肯定的是，施洗約翰身為猶太人，心裏對**羔羊**的定義，來自猶太人的宗教思想。耶穌身為上帝的羔羊，令人想起出埃及記十二章的逾越節羔羊，牠每年在逾越節被宰殺，這有贖罪的功能。耶穌是來為世界的罪贖罪的羔羊；受洗的那一位也是將死去，為世界所有人代贖的那一位。但約翰心裏也可能想到以賽亞書五十三章 7 節描述的那位耶和華受苦的僕人：「他被欺壓，在受苦的時候卻不開口；他像羊羔被牽到宰殺之地，又像羊在剪毛的人手下無聲，他也是這樣不開口。」

這些論述呼應以賽亞書五十三章 4 節和背負我們的過犯的羔羊，或者出埃及記十二章 23 節和逾越節羔羊，根據基督教的詮釋，牠的血除去罪。因此根據約翰這位福音書作者的詮釋，施洗約翰可能在揭示，耶穌不單是「愛子」（beloved Son；太三 17），也是「我們的逾越節」（our

Passover）基督（林前五 7）。

第二，如果耶穌真的為那些祂將為他們死的人受洗，那麼我們必須問：耶穌的洗禮對我有甚麼意義？歡慶耶穌在約旦河受洗的崇拜，對我應該有甚麼影響？

顯現日的崇拜從不容許我們單純旁觀正在發生的事情。顯現日不是話劇或戲劇，讓我們冷淡地從遠處凝視。不，那禮儀號召我們進入戲劇，成為演員，參與其中，讓禮儀中的言語和行動，在我們心裏和思想中作工。那麼，我們怎樣進入耶穌的洗禮？女撒的貴格利（St. Gregory of Nyssa）這位四世紀的東方教父這樣回答：「離開曠野，也就是離開罪。經過約旦河，趕往根據基督而有的生命，前往結出喜樂果子的大地，那裏根據應許，是流奶與蜜之地。推翻耶利哥這以前的居所，不要任由它鞏固防禦。這一切都呈現我們自己，都是已彰顯的預示。」[3]

首先，正如基督受洗消除所有邪惡，因此耶穌的受洗號召我們逃避所有黑暗。如果我們要實現耶穌的洗禮在我們生命中的意義，我們需要令它成為自我檢視的時刻。由於我們對抗執政及掌權的，邪惡的力量總是存在，永無休止地吸引我們的注意和委身。但由於基督**為我們**和**我們的罪**受洗，祂在十字架上完成的洗禮，讓我們得以治死地獄邪惡的力量，這些力量號召我們服事它們。

第二，消除邪惡只是基督為我們成就的工作的其中一面。祂受洗和死亡不單為了消除邪惡，也為了挽回世界和我們，祂的百姓。在基督裏就是成為新造的人（林後五 17）。我們進入這新羣體，這新羣體再次構成創造秩序（created order）的開始。因此，耶穌的洗禮是一個「讓我們再次委身於成為新人的過程」的時刻。我們必須作甚麼選擇，以脫去舊人，容許新人按基督的形象形成和活現？

最後，基督在洗禮中接受聖靈時，聖靈降臨在祂身上，賦予祂力量做上帝呼召祂做的事情；因此在歡慶耶穌的洗禮的時刻，讓我們以新的方式接受聖靈，祂啟發我們，賦予我們力量與約翰一起宣告：「看哪，上帝的羔羊，除去世人罪孽的！」（約一 29）當我們能夠在心裏承認這些話，在嘴唇和生命中表達出來時，耶穌的洗禮便不再是我們經驗以外的事情，而是活生生地表達了我們擁有的顯現期靈性。因為降在祂身上說「這是我的愛子」（太三 17）的聖靈，也降臨在我們身上，宣告我們是上帝的兒子，耶穌為之而受洗的羣體的一員。

迦拿婚宴

在顯現日後，另一個要歡慶的特別筵席，是迦拿婚宴。我們每隔三年，在顯現日後第二個主日，便回想基督在其中的彰顯（約二 1～11）。這婚宴像基督生命的其他事件一樣，不是孤立的事件，而是在逾越奧祕中有其終極意義。在這裏，上帝的榮耀從山上而下，在婚宴這樣平常的事件中彰顯。如果要知道這婚宴對我們靈性的意義，我們必須問：這婚宴對耶穌有甚麼意義？我們在自己的生命中怎樣經歷它的意義？

首先，這筵席對耶穌的意義，可以在那句複雜和富爭議的話中找到：「我的時候還沒有到。」（約二 4）這是約翰喜歡的一句話，在他的福音書經常出現：

> 只是沒有人下手，因為他的時候還沒有到。（約七 30；也參八 20）
>
> 人子得榮耀的時候到了。（約十二 23）
>
> 我現在心裏憂愁，我說甚麼才好呢？父啊，救我脫離這時候；但我原是為這時候來的。父啊，願你榮耀你的名！（約十二 27～28）
>
> 逾越節以前，耶穌知道自己離世歸父的時候到了。（約十三 1）
>
> 父啊，時候到了，願你榮耀你的兒子，使兒子也榮耀你。（約十七 1）

在這些經文中，**時候**（hour）這個詞語明顯連繫到耶穌的死——逾越奧祕。但為甚麼耶穌在婚宴中用這個詞語？

人們大致同意，這個問題的答案不在經文本身，而在約翰福音更大的語境。整卷福音書似乎漸進地顯明耶穌的榮耀，初期教會的一個「要理問答」引伸，「道成了肉身，住在我們中間……我們也見過他的榮光」（約一14）。上帝的終極榮耀在基督被釘十字架和復活拯救世界中，約翰漸進地揭示這個信息。因此，迦拿婚宴是一連串顯明事件的其中一件，這些事件通往上帝的榮耀在逾越奧祕中的終極顯明。因此，上帝的榮耀在基督裏顯明的那一刻還沒有到，但祂將水變為酒時，人們可以一瞥祂的榮耀。因此約翰這樣說：「這是耶穌所行的頭一件神蹟，是在加利利的迦拿行的，**顯出他的榮耀來**；他的門徒就信他了。」（約二11；強調為後加）

初期教會的教父在找尋深刻的禮儀和屬靈意義時，喜歡評論這個故事豐富的象徵意義：水預示洗禮，以及信徒生命中的改變；它象徵耶穌受苦和死亡的杯；它是聖餐的記號，令基督在酒的象徵中與我們同在；它是在歷史終結時一種彌賽亞的筵席，那時列國會聚集在羔羊的婚宴上。

很明顯，教父看見迦拿和「十字架中的所有生命奧祕」之間的連繫，包括復活、教會、末時的新創造。在這當中，他們指向婚宴對我們的真正意義。它指向在基督裏的生命的終極意義，並呼召我們接受一種靈性，是以「舊變新」的樣式為中心的。正如耶穌將水變酒，祂也能夠將我們的生命轉化為祂榮耀的新酒。我們進入這歡慶的意義時，需要思考的問題是：我們有多願意讓將水變成酒的那位，將我們的生命轉離黑暗，朝向新目標和新追求、朝向國度的目標、朝向在基督裏新人的目標。上帝想令我們成為祂榮耀的顯現，但只有我們與祂的聖靈合作，毫無保留或毫不推諉地將自己的生命交給祂時，才得以成就。

顯現期後的主題

整個顯現期的主題，是上帝的榮耀透過耶穌彰顯。那榮耀對猶太人來說，只是遙遠的實在，現在已變成可見、有形、會行走、可感知、可被觸摸的人類成員。這榮耀在基督出生時顯明，讓三個博士知曉，很大程度上向百姓隱藏，直到它有力地在耶穌受洗時顯明，並在婚宴時部分顯明。這榮耀會在逾越奧祕中，以它全部的能力再次顯明，並在基督再來時再次顯明。現在，在迦拿婚宴和耶穌即將來到的死亡之間，會漸進地揭示祂的榮耀。顯現期後至預苦期開始（被稱為常年期）期間，「歡慶上帝的榮耀」這漸進的揭示在耶穌裏顯明，並邀請我們根據基督在歷史中的顯明、在我們裏面的顯明，來調整我們的屬靈旅程。顯現期之後，上帝的榮耀在耶穌裏顯明的主題包括：呼召門徒、訓練門徒、展示大能、遭受拒絕，以及最後一個星期的登山變像（Transfiguration）。

呼召門徒

呼召門徒和聚集一羣追隨者在身邊，似乎是耶穌自然而然所做之事。雖然實際上，這也是有重要神學含義的活動。耶穌在自己身邊聚集一羣人，他們會作為上帝在耶穌裏顯明的榮耀的記號和見證，因為在他們裏面，並透過他們，上帝的榮耀會繼續在世界彰顯。在顯現期後，基督透過禮儀，呼召我們成為祂的門徒，跟隨祂，透過我們的生命彰顯祂的榮耀。

福音書作者講述的關於呼召門徒的故事，包含一些對門徒身分十分深刻的洞見——這個觀點幫助我們明白今天我們自己的靈性的意義。首先，門徒身分的呼召似乎是相互的發現（mutual discovery）。約翰講述安得烈和彼得的呼召（約一 35～42），他們是施洗約翰的門徒。施洗約翰自己不尋求甚麼，他向追隨者指著耶穌說「看哪，上帝的羔羊」時，樂意放棄自己的門徒。安得烈立刻追隨耶穌，找到他哥哥西門彼得說：「我們遇見彌賽亞了。」（41節）這禮儀，和施洗約翰一樣，指向耶穌和對我們說：

「看哪，上帝的羔羊。」和安得烈一樣，我們蒙召回應那宣告，跟隨耶穌，然後確實地肯定：「我遇見彌賽亞了。」沒有這回應，我們進入耶穌的屬靈旅程，便不能開始。

一旦進入耶穌的屬靈旅程，耶穌便期望我們獻出一切。耶穌呼召他們時，雅各和約翰在船上和父親西庇太一同修補漁網。馬太告訴我們：「他們立刻捨了船，別了父親，跟從了耶穌。」（太四 22）門徒身分要求即時和突然地改變生命。初期門徒經歷到效忠、職業、整個生命的徹底重整。對他們來說，顯現發生了。耶穌對他們說話時，他們裏面知道這就是那顯現，這就是他們渴求的，這就是他們追尋的實現。今天，那禮儀宣告基督對我們生命的要求，呼召我們進入這種門徒身分。

基督徒的門徒身分不能化約為只是頭腦上的同意。它要求的不單是口惠而實不至，也不單是參加崇拜和教會的活動。它是行動的呼召。因為正如耶穌對門徒說：「若有人要跟從我，就當捨己，背起他的十字架來跟從我。因為，凡要救自己生命的，必喪掉生命；凡為我喪掉生命的，必得著生命。」（太十六 24～25）靈性是基督在我們**裏面**，並**透過**我們活出祂的生命。上帝在耶穌裏彰顯的榮耀，要在祂的追隨者裏延續。因此耶穌在一世紀召集門徒，祂也在二十一世紀這樣做。因此，我們與使徒羣體站在一起，和他們一樣蒙上帝呼召。和他們一樣，我們蒙召捨棄佔據我們生命的漁網，以基督為首。但以基督為首，以徹底的順服跟隨祂，是甚麼意思？福音書作者透過帶領我們進入耶穌的教導——祂對我們的生命掌權的彰顯，向我們闡明我們靈性的這個面向。

訓練門徒

耶穌並不止於說「來跟從我」。在門徒回應了上帝在耶穌和他們裏面持續彰顯的榮耀這個呼召後，他們需要接受門徒訓練。福音書的作者，特別是馬太和路加，導引讀者由門徒的呼召，進入耶穌在登山寶訓中的訓練。顯現期後的禮儀，明智地號召我們在自己的靈性中，跟隨這講章。

首先，在八福（太五 1～12）中，耶穌教導門徒和我們，要將世界尋常的視野顛倒過來。尋常的視野是進取比溫柔好，控制比受迫害好。但耶穌的教導是窮人、受壓迫的人、被踐踏的人、軟弱的人、受迫害的人，在耶穌心裏有特別的地位，因為他們知道受苦是甚麼意思。由於福音不是在富有和有權勢的人那邊，而是在軟弱和卑微的人那邊，耶穌在這基督徒生活的約章中，號召門徒要溫柔、憐憫、清心，並要成為和平使者。對我們的時代，這是革命性的顯現，是很多基督徒掙扎著去詮釋的，特別是在西方世界的基督徒，我們比任何其他地方的人都消耗更多世界的資源。在我們的國家，權力和聲望比自願服事更重要。因此，耶穌在我們的顯現期靈性開始時，要求我們檢視自己的價值觀，避免奢華的生活，從社會的底層看待生命，站在窮人和受壓迫的人那邊，接觸和幫助他們。

接著，耶穌教導門徒，藉著選擇貧窮，他們會成為世界的光和鹽（太五 13～16）。祂的門徒要成為上帝榮耀的顯現，帶領人們離開生命中黑暗力量的奴役，成為照亮整個世界的光，號召世界回到與造物主的團契。因此耶穌的門徒是「地上的鹽」和「世上的光」（太五 13～14）。耶穌呼召門徒和今天的我們，要由國度的價值觀轉化，以此吸引別人到光中。耶穌指示門徒：「你們的光也當這樣照在人前，叫他們看見你們的好行為，便將榮耀歸給你們在天上的父。」（太五 16）

第三，耶穌的門徒對生命的基本取向，是根據愛的律法生活。這愛推動上帝差派耶穌，實現上帝要求的律法，受死，藉以解救我們脫離邪惡的力量，令我們能夠選擇善。因此，耶穌可以號召門徒和我們「要完全，像你們的天父完全一樣」（太五 48）。耶穌以祂的生命和死亡，令我們能夠接觸這完全，因為祂制伏了罪，顯明上帝無條件的愛。因此，祂可以呼召門徒進入全新的生活方式，說：「你們聽見有話說⋯⋯只是我告訴你們。」今天，顯現期的禮儀號召我們轉離人們顛倒的價值觀——今天的「你們聽見有話說」的誘惑，進入來自祂的「只是我告訴你們」的新價值觀。耶穌號召我們轉離白人支配黑人、男人支配女人、父母支配兒女、僱主支配僱員。相反，我們要根據耶穌教導的法則而活，就是設身處地替別人著想。這法則甚至擴展到我們的敵人，擴展到那些迫害我們、傷害我們生命的人。上帝呼召我們今天進入這種顯現，一種愛的顯現，在我們的時代，它的特點是呼召我們愛鄰舍，服事他們的需要，成為和平使者。

最後，這種愛是以專一的熱情事奉上帝的國度——這種熱情尋求實現耶穌的命令：「先求他的國和他的義」（太六 33）。這種專注要求我們脱離世上緊抓我們精力的事情。因此耶穌警告我們提防好些試探，包括金錢的試探（太六 19 ～ 21）和極度關心將來，以致生命充滿焦慮的試探（太六 25 ～ 34）。而且，耶穌警告我們不要表面服事上帝，心卻在其他地方（太六 16 ～ 18）。專一服事上帝並不表示基督徒不能結婚、生孩子或擁有職業，它只是表示在生命的每一方面服事上帝，令人在結婚或單身中、在工作或享樂中、在生命和死亡中尋求上帝。這樣，耶穌的門徒不是上帝的榮耀零散、偶爾的顯現，而是上帝在耶穌裏的愛的顯明，在他們的生命中、他們所説和所做的一切中延續。整個生命都服事主人，公共或私人生命沒有任何領域，是脱離對基督的服事的。

我們是基督在二十一世紀呼召的門徒。以愛的靈性和服事上帝作為我們生命專一的熱情，在今天和在一世紀同樣切實可行。我們蒙召轉離自私和自我服事，放棄為了自我滿足或自我榮耀的生命，轉而服事上帝，作為耶穌捨己的服事的顯現。真正的靈性渴求、尋求、意欲這種「自我捨棄」，讓基督可以在我們的工作、我們的生命、我們的人際關係中同在，彰顯祂的能力。

顯現期呼召我們不單跟隨耶穌，向祂學習，也由祂轉化。好些聖經經文都指向耶穌的事奉這戲劇性的一面，例如趕走邪靈（可一 21～28）、醫治彼得的岳母（可一 29～31）、潔淨痲瘋病人（可一 40～45）、醫治癱子（可二 1～12）。這些事件的意義，離不開耶穌對世界的事奉的目的。祂來消除邪惡的力量，驅除撒但在人類和自然創造中，在身體和靈性方面使人軟弱無力的後果。這些記述是要帶領我們進入一種經驗，感受基督轉化罪的邪惡後果的力量——這種力量今天觸摸我們的生命、醫治我們。

馬可希望我們看見邪惡力量扭曲上帝美好的創造，同時也看到耶穌恢復上帝的創造、恢復整全這更大的力量。就像這些顯現期故事的人物，我們也經歷到身體、情感、靈性的傷痛，它們阻礙我們，令我們不能得到上帝想給我們的整全生命。我們都帶有生命的艱難加給我們的傷痕。對某些人來說，那可能是精神上的障礙，令我們不能掌握知識或技巧，是會滿足我們的生命或促進我們工作中的專長的。對其他人來說，身體的狀況可能阻礙他們做簡單的事情，例如工作、聆聽、看、嗅、嘗、講話。或許我們有情感的傷痕，例如失去父母或孩子，或者受到虐待，或者面對離婚帶來的迷失。馬可在這些故事中，都處理了所有這些和更多困難，並向我們顯示：生命中最傷害我們的問題，都不能超越基督醫治和轉化的能力。

最近到麥歇根（Michigan）海灘時，我看到一個身體狀況十分好的十八歲男孩跳到水中——但這一跳令他頸部折斷，立即癱瘓。雖然那次外出，我和其他人都不認識這個男孩，但我們為他和他家人感到心碎。顯現期是一個顯現，表示他和我們所有受到各種損害的人的情況，都不是終極的。雖然只有少數人身體或情感的狀況令他們的生命幾乎停頓，但我們都以不同方式遭遇我們想脫離的狀況。

這些顯現的記述，讓我們一瞥上帝的平安最終將覆蓋全地。因為基督以祂的死亡和復活，消除邪惡的力量，這些力量扭曲人性、傷害人的身體、扭曲人的思想、壓碎人的心靈。沒有邪惡的力量、沒有詭詐的活動，可以站在空墳墓面前而仍然能夠存活，因為基督已經制伏所有對抗祂創造秩序的邪惡力量。正如這些記述向我們保證，祂會解救我們脫離任何束縛，恢復我們的整全。

顯現期也歡慶整個創造的轉化。上帝在基督裏臨到，不單挽回祂創造的百姓，也更新整個受造秩序，令它脫離「敗壞的轄制」（羅八 21）。古老的基督教在其顯現期的禮儀中，特別歡慶創造將來得到挽回。以下顯現期的祝福，在古老的教會中得到使用，宣告人不再是宇宙力量（cosmic forces）的奴隸：「主啊，祢是偉大的，祢的作為奇妙，沒有話可以恰當地表明我驚歎的讚美……一切超然力量都在祢面前顫抖；太陽讚美祢、月亮敬拜祢、星星順從祢、光順服祢、暴風顫抖、泉源敬拜祢……主祢不忍看見人被撒但打敗，祢來拯救我們……因此，所有受造物讚美祢的顯現。」[4]

登山變像

雖然日曆上，登山變像的日期是八月六日，教會明智地在顯現期的最後主日記念這事件，那是聖灰日之前的主日，也是我們預苦期旅程的開始之前的主日（參可九 2～9；路九 28～36）。

顯現期的經文中已經提示我們將來世界的改變。但在這裏，在登山變像中，我們看到那最終將顯明的榮耀強烈的彰顯。教父，特別是希臘教父，十分重視登山變像，因為在它當中，他們不單看見上帝本質的榮耀在耶穌裏閃耀，也看到顯現期靈性的本質，我們自己的存有由上帝的同在轉化。

今天的顯現期靈性

顯現期的靈性有兩方面：基督在我們**裏面**彰顯，以及基督**透過**我們彰顯。初期教父將上帝向彼得、雅各、約翰顯明的耀眼光輝，詮釋為上帝在基督中同在的真正視象（true vision），這同在透過聖靈的能力賜予我們。當然，上帝在耶穌裏同在與耶穌在我們裏面同在，有質的分別（qualitative difference）。耶穌是成了肉身的上帝，有分於上帝真正本質的那一位。因此，保羅告訴我們：「因為父喜歡叫一切的豐盛在他裏面居住。」（西一19）但基督在我們**裏面**是由聖靈實現，祂促使我們符合上帝的形象，這形象在耶穌裏完美地呈現。透過聖靈，我們能夠與基督進入屬靈的聯合，這聯合令我們在道德、智性、社交方面遵從基督——真實人性（true humanity）的模範。在這個意義上，基督在我們裏面，在我們的存有、在我們的性格，在我們選擇的價值觀中彰顯。

基督在我們裏面彰顯

根據初期教父，與耶穌聯合的關鍵方法是透過禱告。雖然有很多種不同的禱告，但教父提倡的與上帝聯合的禱告形式，是簡短的。簡短的禱告即：自聖經摘取一節簡短的禱文，並一再重複。最流行的簡短禱告是「耶穌禱文」，較長的版本由稅吏說出：「主耶穌基督，上帝的兒子，開恩可憐我這個罪人！」（參路十八13）我已經提及過這個禱告，作為在聖誕期，讓基督在我們裏面出生的屬靈操練。它也值得重複，作為顯現期的操練，讓基督在我們裏面出生，繼續在裏面彰顯。

「耶穌禱文」的目的，是藉著實現保羅「不住的禱告」這個使命（帖前五17），令一個人與基督聯合。雖然這是言語的禱告，但目標是要成為精神和靈性的禱告，不住在思想和心中縈繞，這個禱告透過基督，與上帝建立一種屬靈聯合。

一個稱為靜修士（Hesychast）禱告方法的屬靈傳統，在「耶穌禱文」的基礎上發展而出。在《朝聖者之路》這本關於「耶穌禱文」的屬靈經典中，這樣描述這個禱告：

> 懇切的耶穌禱告，是恆常不受干擾地在口裏、在靈裏和心裏求告耶穌神聖的名字；拼湊出祂恆常同在

> 的畫面，並在每個工作、所有時間、所有地方，甚至在睡眠中，求告祂的恩典。那求告這樣表達：「主耶穌基督，求祢憐憫我。」結果，習慣了這種求告經驗的人，得到很深的安慰，很需要經常如此禱告，不能沒有這個禱告，這禱告會繼續在他裏面發聲。[5]

我建議以顯現期作為透過「耶穌禱文」與基督進入恆常的聯合這種經驗的時候。我在下面列出使用這禱告的一些規則，是由《看不見的戰爭》(*Unseen Warfare*) 這本屬靈經典的作者，提議給開始使用「耶穌禱文」的人的：

1. 以「耶穌禱文」開始和結束你現時的禱告踐行。
2. 你對這個禱告的享受增加時，漸漸增加重複這個禱告的次數。
3. 慢慢背誦這個禱告，背誦時彷彿站在主自己面前。
4. 每當你有空閒時間，便重複這個禱告，在工作的空檔時間這樣做，甚至在說話之間這樣做。
5. 確保禱告不單發自嘴唇，也發自內心。
6. 總是以完全的單純和極度的謙卑來進行，從不將成功歸功於自己。

7. 不要為成就這禱告需要的時間設限，只決定一件事：不斷地做；要經年累月，才能初見微乎其微的成效。[6]

將與基督聯合當成你顯現期靈性一個由衷的目標，明白除非你在靈魂中與基督聯合，否則你不能在生命中彰顯基督。我見證著「耶穌禱文」的價值，因為我在臨睡時、走路或駕駛時、面對試探或在日程中找到空閒時間時，都經常作出這個禱告。

基督透過我們彰顯

顯現期靈性不單是基督在我們裏面，也是基督**透過**我們向別人顯明。正如上帝在耶穌基督裏面彰顯，基督也透過教會向世界彰顯。由於我們是教會，作為鹽和光的基督身體，我們是基督的愛和救贖能力持續的彰顯。

當然，我們有很多方法表達顯現期的靈性。例如：我們依靠聖靈的果子——仁愛、喜樂、和平、忍耐、恩慈、良善、信實、溫柔、節制——生活時，基督便在我們裏面彰顯。在初期教會，教父看見聖靈的果子在接待的恩賜中流露。接待是十分特別的恩賜，在其中，基督以獨特的方式彰顯。因此，初期教會的教父對這恩賜有很多話說，稱讚它是傳達耶穌同在的特別方式。

教父要求我們細想，在聖經中，上帝的同在有多經常連繫到接待。一個特別恰當的例子，是亞伯拉罕對他帳棚門口出現的三個人的那種接待（創十八 1～15）。在基督教的聖像藝術中，這件事被詮釋為三一上帝到訪，賦予最著名的聖像（icon）——魯布廖夫（Andrei Rublev）的聖三像（*the Holy Trinity*）——靈感。亞伯拉罕接待這三個陌生人，是上帝的同在在接待的恩賜中，得以相互交流的富啟發性的例子：亞伯拉罕向這些人彰顯上帝的愛，祂們也向亞伯拉罕和撒拉彰顯上帝的同在。

正如顯現期的主題，基督向整個世界彰顯的時刻，教會的禮儀號召我們透過接待彰顯基督。接待的佈道（hospitality evangelism），是可以吸引陌生人接受福音、進入基督的心的一種彰顯。我們的世界充滿孤獨的人——學生、單身人士、殘障人士、新移民、羞怯的人、離婚的人、長者和體弱的人。跟亞伯拉罕和撒拉一樣，我們需要向他們開放我們的家和我們的生命，這種接待很能夠說明上帝的愛和溫暖。

接待的靈性一直流傳在西方基督教靈性傳統中。在東方，靈性強調獨處，單獨與自己一起，作為踐行耶穌同在的方式。但在西方，特別是在現代，十分強調一種對外與人接觸的靈性。雖然對全面的靈性（well-rounded spirituality）而言，兩種靈性都是需要的，但顯現期呼召我們向外與人接觸，帶他們進入基督徒羣體，從而進入基督的生命。

我們都認識一個或更多個人或家庭是這樣生活的。例如：我認識一位大學教授，他刻意將自己置於一間大學，那裏有很多外國學生，他自己可以在他們中間踐行接待的服事。薛華(Francis Schaeffer)在瑞士方舟(L'Abri)這個透過家庭服事學生的事奉，也接觸了數以千計的人。聖約之家(Covenant House)這個服事紐約市的妓女、吸毒者、離家出走的兒童的機構，透過接待的靈性，接觸了數以千計的生命。雖然這些是著名的例子，但委身於接觸一個人或一個家庭，在上帝眼中也同樣寶貴。

我建議你藉著選一個人、一個家庭或一羣人，以福音接待他們，從而令這顯現期變得特別。使用顯現期，將與別人接觸的終生委身付諸行動。你有好些方式實現這呼召：與陌生人建立友誼；邀請一個孤獨的人或家庭吃晚飯；在家裏開始鄰舍查經班和團契小組。

結論

我們藉著察看與顯現期相關的屬靈重點，得以窺見顯現期怎樣調整我們的屬靈生命。正如那道本身意味的——耶穌作為基督的彰顯，實現全以色列的盼望，並實現世界對救主的盼望的時刻。三個博士到訪、耶穌受洗、加利利的迦拿婚宴這三件大事，表達了耶穌作為完成上帝使命的那一位的彰顯。

由於上帝的榮耀在耶穌基督裏彰顯，祂號召祂的門徒和我們，藉著成為祂深刻委身的門徒，透過我們的生命顯明基督，從而彰顯祂的榮耀。因此，對我們來說，顯現期的靈性是容許基督透過禱告和接待在我們裏面彰顯。願我們向上帝的顯現開啟自己的心，也願我們向外接觸，在陌生人當中，成為上帝的顯現。

表5：顯現期靈性總結

主題	屬靈重點
顯現期歡慶甚麼？	它彰顯耶穌作為上帝的兒子和救主，不單屬於以色列，也屬於整個世界。
顯現日崇拜的焦點是甚麼？	三個博士來敬拜耶穌。
顯現期的靈性是甚麼？	基督可以在我們裏面彰顯，並透過我們彰顯。
耶穌早期事奉的哪兩件事特別顯明祂的使命？	耶穌的洗禮宣告耶穌是上帝的兒子，上帝除罪的羔羊，那受膏者。 婚宴顯露上帝在逾越奧祕中的榮耀。
在顯現期後的所有主日崇拜有甚麼主題？	顯現期後的所有主日的主題，是上帝的榮耀在祂兒子中彰顯。
甚麼顯現事件歡慶上帝的榮耀彰顯？	呼召門徒、訓練門徒、登山變像。

主題	屬靈重點
我們怎樣經驗上帝的榮耀在我們**裏面**彰顯？	與基督**聯合**時，我們變得像祂。顯現期靈性藉著聖靈的選擇，做耶穌會做的事情。
如何在**我們裏面**得到基督？	透過不斷禱告。
我們怎樣**透過**自己彰顯基督？	教父辨別出，接待是我們藉以彰顯基督的主要處境。

顯現期的禱告

主啊，求祢施恩，使我們欣然接受主耶穌基督的呼召，去向萬民傳揚祂拯救的好消息，使我們和全世界都能看見祂所行的奇事的榮光；聖子和聖父、聖靈，惟一上帝，一同永生，一同掌權，永世無盡。阿們。

選自《公禱書》

思考問題

1. 關於顯現期的靈性，你得到的三四個洞見是甚麼？
2. 門徒的呼召、門徒的訓練、登山變像對你自己的顯現期靈性，有何啟發？

3.　你可以向誰踐行接待，彰顯基督？

顯現期崇拜和講道資源

參 Robert Webber, ed., *The Services of the Christian Year*, vol. 5 of *The Complete Library of Christian Worship* (Peabody, MA: Hendrickson, 1994), 157～206。

- 顯現期崇拜介紹
- 計劃顯現期崇拜的資源
- 顯現期崇拜的藝術
- 顯現期崇拜範例

第二部

生命的週期

The Cycle of Life

我們現在進入教會年曆靈性的第二個週期——生命的週期。這個週期經過預苦期、受難週、復活期，並在聖靈降臨節主日結束。在生命的週期，我們的屬靈旅程與光的週期相比，有重大改變。光的週期強調的是道成肉身，而生命的週期的中心主題，是死亡和復活。不過，這兩個週期基本上是一個整體：兩者都與逾越奧祕和世界的拯救有關，前者思想道成肉身，後者則進入死亡和復活。前者強調上帝在拿撒勒人耶穌這個位格中，來到我們中間；後者回想祂來的目的——捨己地犧牲生命，釋放世界脱離撒但的主宰，令世人得到赦免和醫治。因此，我們思想光和生命的週期時，進入一個無可避免的事實：耶穌的出生和死亡就像一條連衣裙，它不能一分為二，否則便會有損基督教的信息。

光的週期和生命的週期也以另一種方式相連：兩者都依從期待、實現、宣告的模式。將臨期是期待、聖誕期是實現、顯現期是宣告；預苦期是期待、復活期是實現、聖靈降臨期是宣告。因此進入聖誕期和復活期，都有歷史的**進程**（historical progression），各自也有屬靈的進程。當我們回想和重新活出上帝百姓的經驗——他們朝聖，進入和離開道成肉身，或進入和離開死亡，復活——我們以期待和實現標誌我們自己的靈性。雖然我們靈性的焦點，由光的週期變為生命的週期，但期待、實現、宣告的模式維持不變。

多個世紀以前的初期教父深刻地明白生命的週期。第五章討論的預苦期的發展，只有一個目的——帶領我們進入基督的死亡和復活這逾越奧祕的核心。教會的教父站在使徒的傳統中，想建立一種靈性操練，帶領我們進入死亡中的死亡、地獄的毀滅，以及新生命的經驗。預苦期是進入死亡的旅程，那死亡會帶來新生，屬靈的重新開始，因為在預苦期，我們走進一個事件，是不單在歷史中作為真實事件發生，改變了歷史，也是在我們當中發生的事件。基督制伏死亡，將我們向罪的死亡，轉為在聖靈裏生命的完滿，這是我們憑信可以得到的。但這新生命不單是一個見解，或在外面讓人觀察、分析、系統化的東西；它需要我們經驗它。它是真實、改變生命的經驗，模塑我們對現實的看法，影響我們的人際關係，形塑我們的價值觀，令我們接觸超越（transcendence），引導我們經驗生命本身的屬靈面向。

生命的週期的核心和來源，在偉大的三天中達到高潮。在初期教會，預苦期不在棕枝主日結束，而是在受難週的星期四結束。根據希伯來人計算時間的方式，星期四晚上是耶穌受難日的開始，也是偉大的三天的開始，在其中，受造物和創造的拯救已經實現。第六章追溯基督生命中最後的事件，帶我們進入祂與門徒一起的最後時刻、被捕、被釘十字架、死亡、下到陰間、榮耀的復活。在這些事件中，有我們靈性最深刻的內容（content）和形式（form）。基督的死亡和復活模塑我們靈性的樣式，那就是向罪死，以及向聖靈的生命持續復活。

第七章呈現復活期，帶領我們進入耶穌肉身復活的真正屬靈意義。在復活期那七個星期，上帝呼召我們學習，再學習復活的靈性，因為死去的基督現在已經復活，在日常生活中與我們聯合，我們也與祂聯合。祂無所不在的記號，在教會透過洗禮和聖餐禮賜給我們。在教會，並透過教會以及聖靈的能力，特別的記號象徵耶穌與我們同在，我們在祂裏面。這些記號給我們能力，釋放我們在復活的靈性中生活。在復活期，我們也歡慶升天日和基督尊貴地掌管整個創造。復活期在聖靈降臨節那天結束，這天也標誌著聖靈降臨期的開始。

第八章處理的聖靈降臨期，也稱為常年期。正如我會指出，雖然它稱為**常年期**，但這段時間並**不**平常，因為重點在於，在主日崇拜記念上帝的整個拯救行動，預期已參與歷史，拯救我們的那一位，會將歷史帶到終結。正如常年期最後一個主日顯示，基督是掌管一切的君王。

這本書以一個簡短的跋作結，在其中，我會鼓勵你接受基督教時間的節奏，作為調整你屬靈生命的樣式。

第五章

預苦期——悔改的時候

雖然我們為了各種原因讚美我們共同的主，但我們尤其為了十字架而讚美和尊崇祂。〔保羅〕越過基督為了我們的好處和慰藉所做的一切，不住思想十字架。他說，證明上帝愛我們的是：**基督在我們仍是罪人時為我們死**。然後，在以下句子，他給我們盼望的至高基礎：我們遠離上帝，因為祂兒子的死而與祂和好；現在我們已經和好，豈不更因為祂的生命而得救嗎？

屈梭多模（John Chrysostom；公元 347 ～ 407 年）

可惜，一些基督徒的生活樣式，彷彿耶穌基督的死亡和復活從未發生過。我們的生命沉浸在生活的日常經驗中。我們專注於衣服的品牌、房子的顏色、銀行戶口的存款數目、汽車的年份和型號、我們的名望、權力的象徵。我們太容易忘記我們的創造主和救贖主，以事物和野心代替上帝。預苦期正是針對這情況的節期。它號召我們回到上帝那裏，回到基本，回到生命的屬靈實在。它號召我們將心裏對上帝和其他人的罪和漠不關心治死。它向我們招手，要我們再次進入主的喜樂——從「向舊生命死」而生的「新生命的喜樂」。這就是聖灰日關乎的一切——對那些與耶穌同死，在祂裏面向新生命復活的人，要求那種生命的徹底改變。

預苦期始於聖灰日

對大部分和我背景相同的人來說，聖灰日崇拜和預苦期是頗為陌生，有點嚇人的。聖誕週期沒有那麼嚇人，因為聖誕節的主題在我們的文化中非常普遍。而且，因為聖誕節的世俗化那麼明顯，大部分基督徒都盡可能擺脫聖誕節文化的物質主義。因此，很多新教教會現在都踐行將臨期，也有愈來愈多教會向顯現期開放。但預苦期則是另一回事。預苦期似乎是黑暗的，它預示不幸。它令新教教徒記起羅馬天主教教徒的踐行——儀式主義、行為、禁食、守夜等。我們不是已經從這一切解脱了嗎？改教者不是使我們脱離行為和朝聖等事情嗎？

沒有人會懷疑某些天主教教徒確實濫用了聖灰日和預

苦期的真正意義。我們都記得中學那些天主教青少年；他們有些人可以是天主教信仰很糟的代表，但他們在聖灰日出現時，額頭上刻著代表十字架的深色污漬。

或許我們心裏在笑，認為這只是外在、儀式化的宗教的另一個標記。或許是，或許不是，只有上帝可以判斷人心。除此以外，我們要敢於問：那記號背後，有沒有一些東西有潛力令我們的復活節旅程更有意義？我們到底要在復活節做甚麼？大部分新教教徒每年歡慶死亡和復活，都沒有作任何屬靈的準備。例如：我成長時，家裏——十分委身的基督徒家庭——為復活節所做的惟一準備，是計劃購買新衣服。復活節是週末的事件。花七星期預備復活節是難以想像、荒唐可笑，甚至異教的事情。現在我被迫問：誰才是異教？是的，以機械化、不投入的方式過聖灰日和預苦期是錯的，但忽略任何為復活期事件的準備，也是錯的。值得高興的是，天主教教徒和新教教徒都有另一個選擇：**恢復聖灰日和預苦期屬靈朝聖的真正屬靈意圖**。我們可以藉著察看聖灰日崇拜那改變生命的內容，進入屬靈意義的旅程。

聖灰日

我永遠不會忘記我參加的第一個聖灰日崇拜。我進入聖所時，留意到人們的禮儀和情緒，與聖誕週期是完全不同的，這種情緒立刻傳遞預苦期的屬靈操練那種不同的本質。燈光很暗，已經坐在座位的人安靜地禱告，其他人來到時，人們或低聲與他們說話，或簡單地點點頭，或者保持沉默。我們進入的崇拜，似乎有一種嚴肅、一種憂愁的精神，是我不習慣的。我坐下來，在那一刻的安靜中，沉默沒有被風琴的音樂或友善的交談打破。我垂下頭，等候崇拜開始。

沒有行列、沒有詩班、沒有風琴音樂。主禮穿著黑袍，只是從旁邊的門走到前面，低聲說：「讓我們禱告。」然後他緩慢、慎重地禱告：「全能永生的上帝，祢所造的一切，祢不厭惡；凡悔改的人，祢必赦免。求祢為我們造痛悔的心，使我們真誠懺罪，承認過錯，以致蒙祢——大慈大悲的上帝——賜予全備的赦免。藉賴我們的主耶穌基督而求；聖子和聖父、聖靈，惟一上帝，一同永生，一同掌權，永世無盡。阿們。」[1]

他祈禱時，我感受到我的預苦期靈性即將形成：「求祢在我們裏面造新的和痛悔的心。」這悔改和歸信的樣式，在崇拜中重申，在整個節期中一再表露，號召我進入新的和生氣勃勃的經驗，感受耶穌基督醫治的實在。

我留心聆聽禱告後的讀經。經文是約珥書二章 1 至 2 節、12 至 17 節；詩篇一百零三篇；哥林多後書五章 20

節至六章10節；馬太福音六章1至6節、16至21節。所有這些經文都談及更新的樣式，號召我們悔改和歸信，福音書的經文，似乎為預苦期靈性提供一幅藍圖。它號召我們回到基礎、回到上帝對我們的愛、回到我們對那愛的回應。在聖灰日選讀的福音書經文中，耶穌呼召我們以信心踐行我們的敬虔：禱告、施捨、禁食（太六1～6、16～21）。

在這裏，重點是信心不能只作為信仰系統——一套客觀的見解，是我們在智性上同意的——而是作為體現（embodiment），以真敬虔活出的生命，特點是禱告、施捨、禁食。這三種靈性踐行的根源，都不是例行、冷漠的禮儀，而是真正投入、有要求、委身的**關係**。

接著的講道闡明我們在信仰的角度察看禁食、禱告、施捨是多麼重要。在福音書（太六1～6、16～21）和其他經文中，耶穌指摘法利賽人踐行禁食、禱告、施捨時，有不恰當的動機。他們這樣做是「要讓人看見」（5節）。他們不是以信心踐行自己的敬虔。我們蒙召禁食、禱告、施捨的真正合乎福音的原因，不是讓別人讚美我們，而是建立、維持、修補、轉化我們與上帝的關係。當預苦期的操練，不是以工作計算，也不是贏得上帝喜愛的手段，而是作為與上帝、鄰舍和自己的關係時，那操練本身便會令我們進入更深的靈性。

塗灰

崇拜的第二部分是在額頭塗灰。和參加崇拜的其他人一樣，我的情緒是深深的安靜。我低頭坐著，默想自己的罪，以及自己與上帝、自我、鄰舍的疏離。我腦海中閃過一張張破裂關係中的臉孔，記起所犯的罪，感到自己與其餘的人類一起，大大地背叛了上帝和上帝對人類家庭的旨意。我感到自己身為基督徒的路程充滿虛假，而且我渴望「讓別人看見」。當我受感動，要悔改時，主禮開始讀出要我們守神聖預苦期的呼召：

> 親愛的上帝子民：初代基督徒以最虔敬的心，紀念主受難與復活的日子，此後，這就成為教會的傳統，即用悔罪與禁食，作為一個準備的節期。大齋節期也是為那些即將受洗皈依基督的人，提供一段預備的時間；並給那些曾犯自損名譽的罪過，而與教會隔離的人，一次懺悔與饒恕的機會，藉此回歸教會的團契。因此，全體會眾必須牢記我們救主在福音中所宣告寬恕與赦罪的信息，又要牢記所有基督徒應該不斷地重新認罪及告白其信仰。
>
> 因此，我奉教會的名，邀請你們，藉著自省和悔罪，藉著祈禱、禁食與捨己，並藉著研讀聖經和默想上帝的聖言，來守這大齋聖節。現在，讓我們

> 恭敬地跪在我們的創造主和救贖主的面前，作為真正悔罪的開始，以及我們的肉體必朽的記號。[2]

我安靜地跪下幾分鐘，細味邀請我們記念神聖預苦期的那段話。我的思想由想著關於自己的朝聖之旅，轉到思想我們蒙召踐行預苦期的原因——主耶穌基督的受苦。我知道自己想要的，是真正和真實地進入基督的受苦。我想與基督同死，並與祂同埋葬，以致我可以復活，得著新生的樣式。接著我聽到主禮說：「我邀請那些想透過塗灰而與基督感同的人上前來。」我站起來，和很多其他人一起，安靜地走到講壇的欄杆前跪下，等候主禮將灰塗在我額頭上。主禮禱告時，我留心聆聽：「全能的上帝，祢用地上的塵土創造我們；求祢施恩，使這些灰燼向我們揭示我們生命的有限，並提醒我們必須悔罪，轉化心靈回歸上主，因為只有仰賴祢的恩典，我們才能得到永生。藉賴我們的救主耶穌基督而求。阿們。」[3]

當我跪下，稍為抬頭接受由去年棕枝主日的棕樹葉所燒成的灰時，我讓「揭示我們生命的有限」這句話，深入自己的心坎。和很多其他人一樣，我生活的樣式顯示，自己彷彿是永遠不會死的；死亡，不是我會做的一件事。但在那一刻，我被提醒自己是會朽壞的、被提醒自己生命的短暫、被提醒我自己的生命是要向上帝負責的。死亡的現實令我清醒，當主禮將拇指探入灰中時，我將頭抬得再高一點，容許自己感受灰的濕潤，以及當他在我額頭畫十字，並吟誦「記得你本是塵土，仍要歸於塵土」這句令人清醒的話時，我感受到他拇指的壓力遍及我全身。

我回到自己的座位，在別人接受塗灰時安靜地等候。在那些安靜的時刻，我看著別人跪下，接受塗灰，然後回到座位時，「記得你本是塵土，仍要歸於塵土」這句話一再重複。我喜歡看著別人，因為他們透過面容傳達了很多東西。雖然這些臉孔是冷靜的，但他們的眼神和舉動都充滿寧靜平安，這種平安超越那一刻的冷靜，並指向將來的復活。

悔罪的連禱

在安靜中再次聚集，主禮帶領我們閱讀《公禱書》的詩篇五十一篇。我一生中，讀過這首詩很多次，也聽過關於它的講道，但它從沒有像那晚那樣觸及我存有的深處。我說「上帝啊，求你按你的慈愛憐恤我！按你豐盛的慈悲塗抹我的過犯！求你將我的罪孽洗除淨盡，並潔除我的罪！」（1～2節）時，強烈感受到上帝同在的實在。我不單說出言語；上帝站在我面前，聆聽我傾出一個實在，是深入我內在的自我，表達我心裏的感受的。我與詩人一起呼喊：「我向你犯罪，惟獨得罪了你……求你用牛膝草潔淨我，我就乾淨……求你掩面不看我的罪」（4、7、9 節）。然後與詩人一起，我轉向上帝祈求：「上帝啊，求你為我造清潔的心，使我裏面重新有正直的靈。不要丟棄我，使我離開你的面；不要從我收回你的聖靈。求你使我仍得救恩之樂，賜我樂意的靈扶持我。」（10 ～ 12 節）只要我像兒童那樣充滿信心，惟獨信靠上帝，祂就真的會為我這樣做——這種感覺充滿我，觸及我的心。接著我聽到結束的安慰語：「上帝所要的祭就是憂傷的靈；上帝啊，憂傷痛悔的心，你必不輕看。」（17 節）我想到，這**就是**預苦期的詩篇，在我進入基督受苦的旅程中，要一再回去的詩篇。這就是上帝對我的期望——真的打破了驕傲和自足的靈，感受到自己任性之路的心，那條路令心離開上帝的同在，以及離開對「祂對我生命的旨意」的順服。

不過，和別人一樣，我需要清楚講出自己的罪。我對自己有罪的狀況是那麼硬心，以致傾向忽視自己的罪，甚至否認它，或者不稱它為罪。可幸，聖灰日的崇拜沒有任由我對自己的狀況持籠統的感覺，而是跟隨詩篇五十一篇的禱告。悔罪的連禱（The Litany of Penitence）令我以具體和特定的方式，察覺到我的罪多麼嚴重。

我發覺這些禱告令我不安，因為它們講述關於我的事實——我不想承認的事實。但我知道，如果我要經歷真正推動我悔罪、在基督裏有新生命的預苦期，我便需要面對這些事實。

那些禱告向我講述我自己的硬心，以及我傾向只是表面委身於以基督作為我整個生命的主。主禮禱告說：「我們沒有全心、全意、全力愛祢。我們沒有愛鄰舍如同自己。我們沒有饒恕別人，正如我們得到饒恕那樣。」[4]我不情願地同意這是真的。我思想自己對上帝半心半意的服事，以及我對服事自己的興趣，甚至是在事奉中。這禱告的深度令我震驚。我知道這裏有些事情我必須處理，如果我容許的話，這件事可以調整我整個預苦期的經驗。

接著，禱告轉至承認我們轉離上帝，服事自我此偶像的個別具體的罪：「主啊，我們向祢認罪，為過去所有的不忠：就是在我們生活中的驕傲、虛偽、和缺乏耐心，為我們對自己放縱情慾，任意妄為，剝削他人，為我們因自己的挫折而憤恨，因別人的幸運而嫉妒，為我們對世上的財物與享樂，無節制的貪愛，並在日常生活與工作中的不誠實，我們常常疏忽祈禱和崇拜，也沒有活出我們心中的信仰。」[5]雖然我不斷與別人一起說：「主啊，我們向祢承認」，但我知道預苦期號召我超越悔罪的言語，採取行動，在每一方面看到自己的生命有真正的改變。我想到我可以列出這些自我的罪，在自己的生命中，為每一種罪找到一個或更多具體例子。

首先，有損自己的罪的影像浮現在我的思想中，然後禱告轉到得罪鄰舍的罪，接著出現整張新的清單：「主啊，求祢接納我們為所犯的過錯懺悔：就是對人類的需要和苦難，視若無睹；對人間的不義和殘暴，無動於中。為一切錯誤的判斷，為對鄰舍不善的意念，為對那些與我們不同的人所存的偏見與藐視。」[6] 像其他幸福地擁有財富、地位、自由的中產美國人一樣，我感到我的生活和行為，彷彿表示我有權過美好的生活。這些禱告到達我裏面，觸及我、提醒我，我的好運，某種意義上是因為別人的損失才能得到——我的主以施捨作為預苦期旅程特別的關注這個呼召，對我有更重大的意義。

最後，禱告轉向我對創造、對自然本身所犯的罪。我聽到主禮平靜但有力地禱告，為我承認：「為我們浪費與污染祢的創造，為我們欠缺對後代子孫的關懷。」[7] 我想到我消耗的能源，以及我對創造秩序的破壞，並對將破壞傳給子孫後代的環保問題缺乏興趣。

我思想這些禱告時，以新的方式得知我與上帝的隔絕是多麼嚴重。我得到提醒：身為罪人，我與上帝、自己、鄰舍、大自然隔絕。雖然我承認基督是主，想跟隨基督，但我仍然有罪，不順服，對生命所有這些方面漠不關心。我提醒自己，預苦期是好好檢視這些罪的時候、為這些罪禁食的時候、與上帝進入更深的禱告關係的時候、在憐憫的愛和關心中接觸鄰舍和世界的時候。預苦期調整這種靈性——悔改的靈性，通往十字架和墳墓。

如果崇拜以悔罪的連禱結束，我會悲痛欲絕。對於我的陰暗面，我只能夠接受這麼多。靈魂因為它的罪，很快變得消沉。它需要更多東西。可幸的是，崇拜沒有在那裏結束。我們傳遞平安。我說：「願主的平安歸與你」，並與鄰舍握手；聽到「平安歸與你」這句話時，我聽到復活。在這句耶穌最先在樓房向門徒說的話中（參路二十四36～49），有一個應許：世界和我們生命的黑暗的一面不會佔優。那惡者的勢力已經被制伏，在隧道盡頭有光明。崇拜以聖餐禮結束時，我們瞥見復活的應許，預嘗在十字架和墳墓以後的復活期事件。但我現在知道復活是應許——如果我忠心地走過預苦期的操練，那應許會化為現實。我感到如果我要與祂一同復活，我必須與祂同死。這就是我想要的，基督死亡和復活的**經驗**，不單是認知一個沒有在我存有深度觸及我的事實。

預苦期的主題

聖灰日的崇拜標誌著我們的預苦期靈性，緊接著的主日崇拜調整我們的靈性，令我們能夠維持我們蒙召進行的悔改。[8]

基督的試探

聖灰日後的第一個主日要求我們以基督的試探標誌我們的靈性（太四 1～11；可一 9～13；路四 1～13）。在這些經文中，我們發現基督受魔鬼試探，祂推翻魔鬼的力量，避免落入撒但以十字架以外的方式建立國度這個試探。

初期教會的教父喜歡思考第一亞當和第二亞當基督之間的比較。保羅在羅馬書五章 21 至 21 節和哥林多前書十五章 20 至 28 節作出這個比較。第一亞當**對**我們做的一些事情，帶來罪、死亡、譴責，引發一連串事件，為人類家庭帶來災難。但第二亞當**為**我們做的一些事情，扭轉第一亞當所做的事，帶來生命、公義及稱義，推動一連串事件，最終為整個世界帶來救贖。

教父視試探為逆轉人類狀況的轉捩點，因為在這裏，基督恰恰對應亞當。亞當屈從試探，但基督克服試探。

基督不單為自己克服試探，也為我們克服試探。東正教總是教導，道成肉身不是簡單地傳送上帝與我們同在的信息，而是上帝成為我們的一分子，為我們做我們不能為自己做的事情這現實。由於我們屬於第一亞當，我們不能靠自己克服試探。像亞當一樣，我們面對試探，向它屈服。但由於基督成為我們的一分子，在每一方面都完全是人，我們可以分享祂對那惡者的制伏。

伊甸園中的蛇和曠野中的試探者，代表在世界的結構中罪的引誘。它在工作、家裏、人際關係中不時出現。我們透過我們的自私、野心、驕傲、心懷不軌、憤怒、冷酷無情、好貶低別人和很多其他方式，表達我們對試探者的服事。

預苦期是刻意正視第一亞當持續控制我們生命的各種方式，將它們帶到十字架，讓它們與耶穌同釘十字架，將它們埋葬在墳墓中，令它們不再復返。透過這個旅程，我們進入祂的死亡，在復活中成為新造的人。因為耶穌為我們克服試探，也在復活中解救我們脫離試探。

聖經提出兩幅人類的圖畫：一幅是他們的本相，另一幅是他們應該怎樣。透過基督，上帝呼召我們接受新事物，這始於我們容許克服試探的基督，成為活在我們裏面的基督，使我們正視那順從我們自己的試探。預苦期是願意基督在我們生命中同在，選擇祂作為我們生活的榜樣，奉耶穌的名求告祂在每個試探出現，驅除那惡者，令我們脫離邪惡那具破壞性的力量。

否定罪的呼召

預苦期的第二個主日號召我們否定罪對我們生命的轄制（可八 31～38；路十三 22～35；約三 1～17）。犯罪的試探——做我們知道根本是錯的事情，生活由自我中心出發——有力地影響我們的生命。

耶穌吩咐尼哥德慕（約三 1～17）停止以他自己的世界界定自己。他果斷地拒斥自己現時的狀況，以改變生命的方式肯定耶穌，這改變是一個新的生命。當然，尼哥德慕是法利賽人和猶太人的領袖，他有富裕、成功、敬虔這些外表裝飾，但耶穌知道這個人裏面有甚麼。

在預苦期，上帝可能像祂呼召尼哥德慕那樣，呼召我們放棄我們法利賽宗教的世界，停止假裝公義，明白自己的虛偽這個現實，突破到真實和真誠的信仰。和尼哥德慕一樣，我們需掙脫束縛我們，控制我們生命的枷鎖。我們需要否定控制我們的力量，背向它們，走向新的方向。或許這新的方向來自放棄那抓著我們、根深蒂固的習慣；或許我們需要在與某個朋友或不再是朋友的人的關係中有所突破；或許我們需要饒恕某人在過去做了對不起我們的事情。這些是令我們不能經驗更完全的新事物的罪。一旦處理了它們，我們便會遇到新事物湧來，因為我們否定了罪的轄制，朝向順服基督對我們生命的旨意，這使我們脫離罪的轄制，獲得自由，令我們感到自己有新的開始，新的生命。

悔改的呼召

預苦期第三個主日沿著第一和第二個主日漸進的主線，將我們的屬靈經驗由處理試探，到否定邪惡的力量對我們生命的轄制，繼而進入悔改，這就是聖經所描述的過程：面對我們的罪；向罪說不；為罪悔改。一個驚人的例子是撒馬利亞婦人（約四 5～26）。在這個有趣和扣人心弦的故事中，我們可以看到幾個關於我們自己的悔改的生動真理。首先，當耶穌要求撒瑪利亞婦人給祂水喝時，我們得以洞悉上帝對我們的基本態度：上帝想從我們身上得到一些東西，上帝渴望我們一些東西，上帝渴望我們透過認罪和悔改轉離罪，上帝想我們承認自己的罪，找出我們生命中沒有交給聖靈的陰暗處和角落。在悔改中，我們轉離罪，決意靠著上帝的能力走進新生命。

井旁婦人的故事也向我們顯示，上帝在我們所在的地方與我們相遇。從人的角度看，耶穌與婦人的相遇似乎是偶然的。她去井旁打水，耶穌碰巧在那裏。不過，從神聖的角度（divine standpoint），我們可以看到，無論我們在哪裏，無論我們去哪裏，耶穌都在那裏與我們相遇，以祂醫治的能力觸摸我們。上帝必然在我們生命的每一方面存在。我們去購物、去看電影，或參加業務會議時，上帝都在那裏。上帝在任何時間和任何地方都滿足我們的需要。上帝只要求我們以開放的心，樂意袒露上帝已經知道的一切，與基督相遇，然後以簡單的信心和信靠，轉向上帝。

耶穌和井旁婦人相遇的故事，是預苦期的主要故事。它原本在預備受洗的慕道者中使用——那旅程會在復活節早上完成。它對他們是有力的，對我們也應該是有力的，因為它號召我們回到福音最基本和最初的真理——悔改和轉化。在預苦期，我們蒙召再次經驗信仰的初戀，經驗在我們與耶穌的嶄新經驗中那清新的空氣。預苦期要在我們裏面激起最初的熱情，在腹中點起烈火，在我們裏面啟發初戀的閃光。我們默想井旁婦人的故事時，可以經歷這些事情，因為她帶我們到我們可以遇見基督的地方，那裏有我們人生經驗中最基本和最簡單的需要。

預苦期號召我們真實地尋求上帝，在生命的每一方面找尋上帝，祈求祂與我們同在。根據本篤（St. Benedict），屬靈朝聖的基本規則是：「人是否真的尋求上帝？」預苦期號召我們悔改，正如古代的慕道者在尋求上帝時歌唱的詩篇中表達的：「好像鹿在沙漠瘋狂找尋水源，我也瘋狂找尋你，我的上帝。」（詩四十二1；編按：中譯按原書之古英語譯文翻譯）

醫治和歸信

預苦期的第四個主日稱為玫瑰主日（Rose Sunday）。這個主日比之前的預苦期主日更喜樂，因為它由強調罪人悔改，轉為強調基督的醫治力量。人們認為，這個主日的喜樂源自慕道者儀式（rite of catechumens），稱為「開耳」（opening of the ears）——這個禮儀象徵聆聽上帝的道的恩賜，並以信心回應它。這代表從悔改到信心的轉捩點，實在是喜樂的事情。在這個主日穿著玫瑰色的袍，象徵喜樂，很可能源自中世紀，作為歡迎春天來臨的習俗。這歡慶象徵救恩的喜樂，是悔改和預備漫長節期中間一個受歡迎的短休。

這個主日的讀經調整我們的屬靈朝聖，進入基督醫治能力的經驗。祂醫治生來瞎眼的人（約九1～13）；祂講述生命的糧的醫治力量（約六25～29）；祂講述浪子的故事，浪子得到醫治，回到父親那裏（路十五11～32）。在這些故事中，重點在於我們悔改，轉向上帝提供的恩典時，上帝可以為我們做甚麼。生來瞎眼的人的故事，作為預苦期的故事特別具有指導意義。在初期教會，洗禮和歸入教會被稱為「光照」(enlightenment)，它被視為瞎眼的鱗片脫落，進入對事物的新視野。

預苦期的第四個主日是喜樂的主日，因為它容許我們在本來暗淡、陰沉、憂鬱的屬靈朝聖中，暫時經歷復活。很多教會在這主日的崇拜後做一些特別的事情，以一點歡慶和快樂標誌這一天。人們喜歡做的其中一件事情是蛋糕遊戲(cake walk)。人們帶很多蛋糕去玩遊戲，但勝利者會得到一個特別的「玫瑰蛋糕」(Rose Cake)，可以帶回家。遊戲是充滿樂趣的事件，我們很多人在舞會都做過這件事：一羣人圍繞一些椅子走，播放著輕快的音樂。椅子的數目總比人的數目少一張。音樂停止時，找不到椅子的人出局；接著再拿走一張椅子，遊戲繼續；最後搶到椅子的人得到蛋糕。接著整個羣體參加「蛋糕舞會」。在預苦期的喜樂和樂趣，是預嘗將要到來的復活——於預苦期的曠野靈性中，在綠洲的一個受歡迎的停留。

預嘗復活節

棕枝主日和受難週開始前的最後一個主日，調整我們的靈性，朝向將來的死亡和復活，號召我們在靈性上更積極地為逾越奧祕作準備(路二十9～19；約十一1～17，十二20～33)。在古代教會，預苦期這第五個主日稱為「受苦的第一個主日」(First Sunday of the Passion)。在這個主日，基督徒遮蓋教會中的十字架和其他物件，它們象徵基督和祂在十字架上的工作。不同的評論者，對遮蓋基督的象徵有不同的看法。大部分都同意，這是在耶穌自願的死亡中傳達上帝所受的羞辱，這個象徵令我們想到上帝為了救贖我們願意付出的高昂代價。

拉撒路的故事(約十一1～17)捕捉了為偉大的逾越奧祕作預備的屬靈經驗。拉撒路的死，象徵我們死氣沉沉的屬靈狀況。在預苦期，我們蒙召察看自己的死，並對此有所行動。在這個星期，我們察看死亡和復活的並置。我們蒙召不留在死亡中，而是復活得新生命，有新生，與耶穌有生氣勃勃和新的相遇。我們有些人在屬靈上死亡，因為我們的信心純粹是頭腦上的。我們相信正確的事情，我們依附教會的信條、認信、教義。但我們裏面沒有**生命**，我們只是為了傳統而默默同意傳統。我們以為我們相信，但我們知道這並不足夠。其他人對我們而言是死的，因為我們完全缺乏感覺。我們沒有受到教會的崇拜、歌曲和禱告、聖餐禮和節慶感動。那些東西存在，但不是真實的，它們沒有觸及我們存有的內在隱蔽處。我們感到冰冷、麻木、死寂。

令拉撒路從死裏復活的上帝，也可以令我們從頭腦和掛名的信仰中復活。正如耶穌為拉撒路帶來生命（約十一 38～44），上帝也可以在耶穌的復活中，使我們向新生命復活。令耶穌從死裏復活的上帝，也可以令我們復活，裏面有屬靈生命的新經驗。關鍵是脱去自義的破衣裳，如動手術般除去罪，這罪阻擋上帝以新方式介入我們。這種事情只會發生在：當我們選擇將罪和漠不關心帶到十字架和墳墓，將它們埋葬在那裏，好讓我們與基督一起復活，以新的、徹底敬虔的方式委身於事奉祂之時。我們這個星期的屬靈旅程源自這份意識，預備我們走通往耶路撒冷的路，進入受難週中，與我們的主同死的最後階段。這是經驗救贖的路。我們必須知道我們是誰，我們在哪裏沒有真正跟隨耶穌。接著我們必須將我們自我理解的具體情況帶到墳墓，讓我們可以與基督一同復活，開始新生活。預苦期就是這樣調整我們的靈性。

預苦期的靈性

在前面我們不時提到洗禮的儀式。從教會關於預苦期的經驗的最早日子，洗禮便一直都是預苦期靈性的中心象徵，和禁食、禱告、施捨並列。

預苦期的操練源自慕道者，在初期教會，他們在這段時間預備接受洗禮。早在《十二使徒遺訓》(*Didache*)這本可能在一世紀後期便在基督徒中流通的著作，便提到透過一段時間的教導和禁食，以預備洗禮。「在洗禮前……就這一切給予公開指導，而且，施洗和受洗的人必須禁食，任何力所能及的人都應該禁食。你必須告訴受洗的人，事先禁食一兩天。」[9]「任何力所能及的人」表示整個基督徒羣體，都要在歸信的慕道者走向他們自己的洗禮時，和他們一起。那些已經受洗的人，以相似的屬靈朝聖作為自己的屬靈操練。後來，朝聖成了四十天長的日子，引導整個羣體重新肯定洗禮的誓言。

洗禮的靈性

預苦期的旅程是洗禮的靈性，它植根於悔改和歸信，脫去舊生命，穿上新生命。與一些人的意見相反，這種從一個情況轉向另一個情況的變化，不一定是周詳的經驗，雖然它有一個起點。它是持續的行動，在個人一生中不斷轉離罪，轉向上帝。預苦期是推動洗禮的靈性的主要節期。預苦期調整我們的靈性回到它的開端，回到悔改和信心的基礎。路德捕捉到預苦期靈性的意義，他號召追隨者「活在你們的洗禮中」。活在個人的洗禮中，就是持續由我們原本的屬靈經驗所承諾的更新。

一瞥洗禮的誓言，我們將得知活在我們的洗禮中，對我們的靈性可以產生的有力影響。首先，受洗歸入基督號召我們轉離邪惡，棄絕其在我們生命中的力量。在初期教會，在洗禮的儀式中棄絕邪惡是有力的經驗，這實際上就是選擇背向罪。主禮會問：「你棄絕魔鬼及其所有工作嗎？」受洗的人會轉向西面，惡者的象徵方向，然後說：「我棄絕魔鬼及其所有工作，」然後吐唾沫，象徵吐在撒但的臉上，作為結束那關係的記號。今天，在洗禮中，主禮可能問我們：

> 你棄絕撒但和叛逆上帝的所有靈界力量嗎？
> 你棄絕世界的邪惡力量嗎？這些力量腐化和破壞上帝的創造。
> 你棄絕令你遠離對上帝的愛的所有罪惡的慾望嗎？

這種棄絕是預苦期靈性消極的一面。靈性積極的一面是轉向耶穌，祂以祂的死亡和復活，將撒但廢黜，終止其在我們生命中的能力。我們轉向耶穌時，宣稱祂已**為我們**勝過邪惡力量。我們承認，如果基督幫助我們，沒有甚麼可以敵擋我們（羅八 31）。我們從「今世的風俗」（弗二 2）轉離，在新生命中「與基督耶穌一同復活」（弗二 6）。例如：在古代的教會，主禮要求受洗的人表達對耶穌基督的信心。今天主禮會問：

你願意歸向耶穌基督，接受祂為你的救主嗎？

你願意全心信賴祂的恩典和慈愛嗎？

你願意應許跟隨祂並順服祂為你的主嗎？[10]

預苦期的靈性要求我們檢視自己的誓言，藉著悔改（*metanoia*；轉向），從罪轉向基督，與耶穌基督進入新的歸信經驗。為了在這朝聖旅程中幫助我們，預苦期號召我們禁食、禱告、施捨。這些行動的福音本質，是幫助我們真正體驗轉離罪，信靠耶穌是甚麼意思。

禁食、禱告、施捨

我已經提過禁食的福音本質。禁食和伴隨著的禱告，及其帶來的施捨的目的，不是累積業績，贏得上帝的稱讚。這種觀點並不合乎聖經，並會導致律法主義（legalism）。禁食的目的是與上帝建立、維持、修補、轉化關係。禁食、禱告、施捨是我們在預苦期表達我們的屬靈朝聖的方法，透過這些方法，我們經驗預苦期靈性調整的轉離罪和歸向基督。

禁食、禱告、施捨不單是放棄食物、時間、金錢的行動，它也接受某些東西。我們放棄抓著我們生命的罪時，需要以正面的東西取代它。我們預苦期的靈性，不單號召我們轉離抓著我們的罪，也號召我們轉向取代我們的罪的德性（virtue）。

舉例來說，禁食象徵轉離我們的罪所需要的操練；禱告是轉向上帝，倚靠祂的切實經驗；施捨象徵我們取代罪的德性。因此，最重要的是，要實實在在踐行禁食、禱告、施捨，**同時**轉離罪和轉向德性。這兩個行動互相交織，以致一種操練的成功，呼應著另一種操練的達成。如果我們不能持守禁食、禱告、施捨的操練，我們在克服罪和以德性取代它方面的成功機會，也會大減。

禁食並不單獨存在，而是要整合到一種生活樣式中，是強調與上帝、自己、他人的關係的。禁食和轉離罪有內在和外在的節奏。它包括**內在的潔淨**，來自禁食和轉離罪。一方面，除去生命的毒素，它們在罪的系統中形成，阻止生命的完滿。另一方面，生氣勃勃的新開始將在滌罪的實現中流露。那生氣勃勃的開始是與上帝、自己、鄰舍實現生氣勃勃的關係，在施捨和以德性取代被清除的罪這些可見的行動中流露。

在預苦期有兩種禁食——完全的禁食（total fast）和苦修的禁食（ascetical fast）。完全的禁食是短時間的——一天，甚至更短。它通常連繫到特別的日子，例如聖灰日或從受難週星期四黃昏的禮儀到復活節的逾越節守夜的偉大的三天。我們不是為禁食而禁食，而是要經驗期待和實現的屬靈節奏。在這裏，外在操練也調整內在經驗。在禁食中不進食而衍生的期待，幾乎總是連繫到走向在一天結束時參與聖餐禮，帶來期待的實現。在屬靈上，我們將一天集中在圍繞天上的餅和救恩的杯。我們學習默想餅的意義，以及喝耶穌在聖餐桌那醫治的同在。我們渴望與基督一起，渴望祂觸摸我們、醫治我們的傷痛、激發我們踐行我們尋求的德性。

對比起來，苦修的禁食出現在更久遠的時間，集中在有紀律地進餐。我們可能選擇不吃肉或甜食，或者一天只吃一餐。這禁食的目的是從肉體得解放。這禁食控制對食物的熱情，藉以處理另一種抓著我們的熱情。苦修禁食的目的，是釋放我們脫離肉體對靈的控制力量，這力量毀了亞當。一個人可以透過禁食，藉以勝過妒忌、憤怒、慾望、心懷不軌或其他那人在生命中找出來的問題。

在苦修的禁食中，時間因素是重要的。在我們生命中運作的邪惡力量，通常不會在一次經驗中被制伏。當然，我們不否定這種可能性。有時上帝將人從酒精、毒品、虛度的生命和甚至沒有那麼嚴重的事情，戲劇性地拯救出來。但對我們大部分人來說，歸信是隱晦和漸進，而非戲劇性和即時的。而且，上帝也與我們自己的意志合作。因此，處理性格發展問題的苦修禁食，需要我們的選擇和意向。我們需要運用自己意志的力量，對抗邪惡的力量，這些力量不住將我們拉進違背福音的生活習慣。那敵擋我們的魔鬼的力量，只能夠藉著禁食和禱告被制伏。由於預苦期是與基督的死亡感同的時候，我們透過歸信和洗禮有分於這死亡；預苦期也是找出敵擋我們的力量，將它與基督同釘十字架，埋葬在墳墓中，永不讓它起來的時候。

主日從來都不是禁食的日子，因為主日是復活的日子，那天超越時間，並參與將要到來的時間。這將來的時間，切實地變成現在，體現在安息、預嘗歡樂、歡宴中。星期日不是禁食的日子。

操練建議

我們採納和踐行的預苦期操練的一個特定例子，是由四世紀宗教作家敍利亞的艾弗冷（St. Ephrem the Syrian）提供的。他寫的一篇預苦期禱文，到今天仍然是東正教在預苦期，從星期一到星期五傍晚所用的禱文。禱文如下：

上主，我生命的主宰！
除去我的怠惰、怯懦、貪權和說閒話的靈，
賜我貞潔、謙卑、耐心和愛僕人的靈。
是的，上主大君王！

讓我看到自己的錯誤，不要論斷我的弟兄；因為祢的祝福臨到世世代代。阿們。[11]

透過這個禱告，我們看到以下所有人都有的有關屬靈掙扎的四個負面關注：

怠　惰——一種懶惰，阻止我們選擇一種克服敵擋我們的邪惡力量的屬靈朝聖。

怯　懦——失去勇氣，對生命持消極和悲觀的態度。

貪　權——主張自己是生命的主，體現在渴望別人臣服在自己的權力之下。

說閒話——一種負面的言語力量，貶低別人，以具破壞力，不能造就人的方式使用言語。

這四種負面特質阻止我們得到上帝想我們得到的完滿生命。有四種正面特質作為平衡，令我們更能夠經驗上帝給我們的完滿生命：

貞潔/整全——這個詞語最常連繫到性來使用，但它的真正意思是怠惰的相反，指的是整全。廣義來說，它指在生命的每一方面恢復真正的價值。

謙卑——整全的果子是謙卑，上帝的真理抓著我們整個生命。謙卑的人靠著上帝的真理而活，像上帝創造和希望的那樣看待生命。

耐心——耐心看到生命的深度，看到它的所有複雜性，並不要求此時此刻的改變。

愛——驕傲的相反。當整全、謙卑、耐心在我們裏面動工時，我們便能以愛相待，我們可以真誠地祈求：「讓我看到自己的錯，不要論斷我的弟兄。」

我提議你背下這個禱文，在預苦期期間經常重複它。在早上默想你尋求脫離的四種力量——怠惰、怯懦、貪權、說閒話。在中午默想你希望在生命中經驗的四種德性——貞潔/整全、謙卑、耐心、愛。每天決意找特定的情況，讓你可以運用一種或多種消極和積極的操練，然後在傍晚，再以這個禱文來禱告，檢視那天的事件，找出你實現了這些屬靈目標的一種或多種方法。要最有效，這個禱告，以及它在你生命中出現的形式，應該配以禁食（苦修的禁食）和施捨（最好給窮人）。

從棕枝主日到受難週的星期三

我們不應該單將棕枝主日視為回想耶穌進入耶路撒冷

的一天。它是指這件事情，但還意味著更多。那是我們自己進入靈性中最嚴肅但也是最榮耀的經驗。對耶穌來說，棕枝主日是祂通往地上生命高峯事件的大門。我們與祂一起進入那大門時，我們的屬靈生命便進入世界歷史和人類存在的經驗中最神聖的時刻。

棕枝主日

在禮儀教會，棕枝主日通常在教會外前門的草地開始。在教會外聚集，象徵基督和祂的百姓在耶路撒冷城門外聚集，預備迎接最重要的一星期。我第一次與羣眾一起站在那裏時，意識到將會開始的，是長達一星期的崇拜，當然會分為不同部分，但卻是長達一星期的朝聖，進入與基督的個人經驗：被拒絕、被釘十字架、被埋葬、復活。我感受到這一切的奧祕，並懷著期望，等待戲劇（drama）開始。

當站在我們中間的主禮呼喊「奉主名來的君王是應當稱頌的」時，崇拜便開始。我們回應「平安在天，榮耀歸於至高者」時，我感到彷彿最初的棕枝主日的行動再次發生。耶穌進入耶路撒冷時，我和羣眾在耶路撒冷城門歡迎祂。

主禮接著禱告，這禱告包括：「憐憫地幫助我們……讓我們得以懷著喜樂默觀耶穌那些偉大的作為，祢藉著這些偉大的行為，給我們生命和不朽。」[12] 心思意念飛到前一星期的事件，使我暫時感受到我準備將人類歷史中最重要的事件，帶到內心的屬靈朝聖。

有一個人高聲清楚地讀出耶穌進城的記載（太二十一1～11）時，我的注意力回到我在耶路撒冷城門的位置。當他讀到這些話：「耶穌既進了耶路撒冷，合城都驚動了，說：『這是誰？』」（10節），我感到雖然我頭腦中知道這個問題的答案，但我蒙召從心裏回答它。那一刻我聽到牧師呼喊：「讓我們感謝主我們的上帝，」我與羣眾回應說：「感謝讚美祂是理所當然的。」接著我刻意地跟隨那禱告，那禱告將我們那天崇拜的意義呈現在我面前：

> 全能的上帝，因著祢透過祢兒子，我們主耶穌基督用來救贖我們的那些愛的行動，讚美祢是理所當然的。在這天，祂以勝利的姿態進入聖城耶路撒冷，那些沿途將衣服和棕樹枝鋪在地上的人，宣告祂是萬王之王。讓這些樹枝成為得勝的記號，讓我們這些奉祂的名帶著樹枝的人，可以稱祂為我們的君王，跟隨祂走向永生；祂與祢和聖靈在榮耀中活著，並統領萬有，從今時直到永遠。阿們。[13]

當我默想這句話：「讓這些樹枝成為得勝的記號」，主禮呼喊說：「奉主名來的是應當稱頌的。」我與羣眾一起回應說：「和撒那歸於至高處。」然後我們以快速陸續的行動，轉而進入教堂，手中拿著一根棕樹枝，一起歌唱：

所有榮耀、讚美、尊崇
都歸給你，救贖主，君王！
孩童的嘴唇向你
發出悅耳動聽的和撒那。[14]

我坐下時，感到自己進入了耶路撒冷的城門，和羣眾一起站在城中。這時，崇拜的每一部分都表達了最初歡迎耶穌進入耶路撒冷的羣眾的那種喜樂和興奮。但那氣氛很快會轉變。羣眾以為他們在歡迎一位君主來打破羅馬的軛，建立另一個王國，像大衛建立的那樣。但他們很快會失望，很多本來在呼喊「和撒那歸於大衛的子孫！奉主名來的是應當稱頌的！高高在上和撒那！」（太二十一9）的人，不久都會加入「把他釘十字架！」（太二十七23）的呼喊。

這個朝向悲劇的轉變，在我們都安靜地在聖所坐下、唱完聖詩後，牧師的禱告已經明顯可見：「全能的上帝，祢至愛的聖子，昔日寧願經歷痛苦而不願先享快樂；寧願被釘於十字架而不願先得榮耀。求祢大發慈悲，使我們走十字架的路，因而認識它就是生命和平安之道路。藉賴我們的主耶穌基督而求。阿們。」[15]

「走十字架的路」這句話，在我默觀受難週的屬靈旅程時，一再在我心裏響起。我在聖灰日開始這旅程。我知道我已經來到這朝聖中最嚴肅的部分——我不能忽略或輕視的部分。我明白到這個星期的事件，要將我的屬靈經驗調整成重新體驗一世紀的耶路撒冷數以千計人經歷過的屬靈旅程。我知道這不是讓我購物、度假、舉行舞會或高興的星期。我感到這是所有星期中最適宜用來進入死亡的旅程的星期。我知道只要我願意，教會的崇拜會拖著我的手，帶我一步一步進入死亡和重生的經驗。我在那時那地決定走十字架的路，我要令那個星期像上帝對我的意願那樣，成為嚴肅的屬靈搏鬥——和回報——的一星期！

我們站著閱讀馬太福音二十六章36節至二十七章54節的受苦紀錄。那紀錄打印了出來，我們每個人都有一份：旁白、耶穌、彼拉多、大祭司、彼得、使女、猶大、巴拉巴、羣眾。所有角色都要演那戲劇。但我未預備好接受接著發生的事情。只在幾分鐘前，我還在城門口的羣眾中，高聲呼喊：「和撒那歸於大衛的子孫。」現在我和同一羣羣眾回答彼拉多的問題：「那稱為基督的耶穌我怎麼辦他呢？」羣眾呼喊說：「把他釘十字架！」（太二十七 22～23）我發覺我自己與那些話搏鬥。我不想說那些話，但我知道我必須說。我知道我的罪，甚至我也將祂推到十字架。我是兩批羣眾的成員。我歡迎祂到耶路撒冷，但和別人一樣，我背叛祂，將祂推向十字架。我們都感到自己參與祂的死亡時，全體會眾都安靜下來。當我們聽到這句話：「於是彼拉多釋放巴拉巴給他們，把耶穌鞭打了，交給人釘十字架」（太二十七 26），都跪下來。

講道號召我們藉著在這個特別的星期與耶穌在屬靈上感同，從而走十字架的路，然後崇拜以聖餐禮作結。雖然聖餐的音樂是冷清的，並圍繞耶穌的死亡，但我們也在聖餐禱告中一瞥盼望，看到隧道的盡頭那一線光明：「回想祂的死亡、復活、升天，我們向祢獻上這些禮物。」[16] 再一次，在最後一首聖詩的歌詞中，我感受到將要到來的勝利：

君王旗幟，領先飄揚，
十架徽號，萬丈光芒，
如此奧祕，屠宰生命，
藉祂死亡，賞賜永生。[17]

在聖詩最後一節有安慰人的信息：「靠著十字架，你得到挽回。」我知道基督的受苦不是徒然的，在這個星期選擇參與耶穌的受苦，會帶領我到達復活的喜樂。我也感到這喜樂不單是頭腦的觀念，也會是我性格深處深刻、內在的經驗。這種喜樂，是單以頭腦同意復活不能帶來的。只有透過崇拜切實經驗復活，這經驗觸及我個人感情的一面，才能夠產生這種喜樂。

星期一到星期三

雖然有些教會在受難週的星期一、星期二、星期三開放崇拜，但大部分教會都沒有這樣做。不過，我們在這三天的個人靈修，也可以由閱讀經課調整。舊約的經文集中在以賽亞書的「僕人之歌」（servant songs），以供我們默想基督身為順服、受苦的僕人的奧祕，這僕人在捨己中獻出自己的生命，但最終成了得勝者。

星期一的經文是以賽亞書四十二章 1 至 7 節，強調僕人的使命。上帝的靈降臨在祂身上，祂來建立公義。因此祂會開瞎子的眼睛，將被囚的從監牢中釋放出來。在星期二，我們應邀默想彌賽亞的委派和呼召（賽四十九 1～6）。祂是上帝賜下的「照耀列國之光」，讓上帝的救恩到達地極。接著，在星期三，我們閱讀第三段經文，以賽亞書五十章 4 至 9 節，面對面看見我們主受苦的細

節：「人打我的背，我任他打；人拔我顋頰的鬍鬚，我由他拔；人辱我，吐我，我並不掩面。」（6 節）

福音書的經文讓我們得見耶穌被出賣，以及羣眾在祂死亡前漸趨增加的懷疑。在星期一，我們讀到耶穌受伯大尼的馬利亞膏抹，以及被稱為「賊」的猶大對她愛的行為的輕視（參約十二 1 ～ 11）。在星期二，我們要默想羣眾懷疑的原因（約十二 37 ～ 38、42 ～ 50），因為經文告訴我們，「他雖然在他們面前行了許多神蹟，他們還是不信他」（37 節）。在星期三，我們讀到經文揭露猶大是出賣耶穌的人時，更接近釘十字架（約十三 21 ～ 35）。星期三是預苦期最後一個完整的一天。星期四日落時，通往復活那最後偉大的三天已經開始。

結論

我們看到預苦期是向罪，以及它控制我們生命的力量死的時刻。從聖灰日開始，在整個預苦期旅程主導的呼召是：「在我們裏面造新的痛悔的心」。雖然是上帝因著恩典，在我們裏面造那新心，但我們蒙召以悔改接受上帝的恩典，轉離我們的罪，在信心中轉向上帝。禁食、禱告、施捨在這轉向的旅程中幫助我們——這些是外在的操練，調整和組織我們持續歸信的內在經驗。

預苦期的第一個試探，是打破我們與上帝同行，進入悔改和歸信的新經驗這委身。與另一個人結成一組，同意互相負責和問責。雙方信守協議，定期會面，檢視你們朝逾越奧祕走的朝聖。我可以向你保證，如果你持守操練，以真正的屬靈裝備進入受難週和復活期的奧祕，復活在你生命中的能力，會超乎你最大的期望。

表6：預苦期靈性總結

主題	屬靈重點
甚麼是預苦期的主要屬靈旅程？	預苦期是我們與耶穌走向祂死亡之路的時刻。
聖灰日的主調是甚麼？	聖灰日開啟預苦期的旅程，它的主題是悔改和更新。塗灰在額頭上，作為悔改的記號，記念「你本是塵土，仍要歸於塵土」。
崇拜及個人靈性的預苦期主題是甚麼？	基督的試探。 尼哥德慕蒙召放棄法利賽人的宗教。 像撒馬利亞婦人那樣向罪說**不**。 像生來瞎眼的人那樣，我們可以得醫治。 預備受難週。
為甚麼洗禮是預苦期的象徵？	在洗禮的靈性中，我們脫去罪，在聖靈的生命中復活。這個靈性樣式是活在耶穌的死亡和復活中。
為甚麼預苦期強調禁食、禱告、施捨？	禁食象徵轉離罪所需的操練。 禱告是倚靠上帝，轉向祂的行動。 施捨象徵我們用來取代罪的德性。

主題	屬靈重點
在預苦期，建議的操練是甚麼？	脱去：怠惰、怯懦、貪權、説閒話。 穿上：貞潔、謙卑、耐心、愛。

預苦期的禱告

全能的上帝，罪人頑梗的心志情慾，只有祢能管束。求祢施恩，使祢的子民愛慕祢所吩咐的，盼望祢所應許的。如此，在瞬息萬變的世界中，我們的心仍然堅定不移，仰慕有真正福樂的地方。藉賴我們的主耶穌基督而求；聖子和聖父、聖靈，惟一上帝，一同永生，一同掌權，永世無盡。阿們。

選自《公禱書》

思考問題

1. 你有沒有踐行過預苦期的靈性？如果有，你有甚麼經驗？如果沒有，你想從預苦期旅程中得到甚麼？
2. 聖灰日的屬靈經驗本質上是甚麼？
3. 你會怎樣將預苦期的主題應用到你的屬靈旅程？
4. 你有沒有活在洗禮的靈性中？
5. 你考慮過接受禁食、禱告、施捨的操練會帶來甚麼影響嗎？

6.　你需要脱去甚麼？你需要穿上甚麼？

預苦期崇拜和講道資源

參 Robert Webber, ed., *The Services of the Christian Year*, vol. 5 of *The Complete Library of Christian Worship* (Peabody, MA: Hendrickson, 1994), 225 ～ 316。

- 預苦期崇拜介紹
- 計劃預苦期崇拜的資源
- 預苦期崇拜的藝術
- 預苦期崇拜範例
- 受難週的介紹
- 受難週崇拜的介紹
- 棕枝主日／受難日的崇拜

第六章

偉大的三天——向罪死的時候

基督下到陰間，解救在那裏被囚的。在一刻間，祂消除在律法下我們累積的古老債務，藉以帶領我們到天上，在那裏沒有死亡，只有永生和公義。

塞流西雅的巴西流（Basil of Seleucia）

幾年前，我父母慶祝他們結婚五十週年。對家中所有人，包括兒女和孫兒女來說，那都是盛事。與生育了一個大家庭的父母聚在一起，是非常神祕和盛大的事情。對我父母來說，那是對一件事感人的回憶，那已經是五十年前的事，透過歌曲、故事、戲劇表演和歡慶那事件的聚餐，在那羣人中間再現。那慶祝將我們所有人，帶到令韋柏家的後裔聚集變得可能的核心事件。它帶我們回到起點，回到一切的源頭，讓我們可以記起這一切從哪裏開始，回想那婚姻對我們所有生命的意義。

在教會年曆中，偉大的三天就是這種時刻。它將上帝遍及全地的後裔帶回起點事件，號召我們再次進入這一切的意義。從受難週星期四到星期六的逾越節守夜這偉大的三天，是我們靈性的源頭。我們整年的屬靈旅程，源自這個星期——基督死亡和復活的逾越奧祕；它回到這星期，與基督同死，在祂裏面重生。

預苦期在受難週星期四日落時正式結束。星期四傍晚開始進入古代教會所謂的偉大的三天。在這幾天，我們記念耶穌生命的最後事件。在星期四晚，耶穌設立聖餐、替門徒洗腳、談及愛的新命令，並且被捕。記念這事件的崇拜，稱為受難週（新）星期四。

星期五是基督被釘十字架的日子。今天我們以好些崇拜內容記念祂的死亡，例如十架七言（Seven Last Words）和十架崇敬（Veneration of the Cross）。在星期六的白天，主的身體休息。

偉大的三天以逾越節守夜作結，那是星期六晚的燭光崇拜，有讀經、洗禮、復活的聖餐禮。預苦期和偉大的三天結束了。基督復活了。哈利路亞！

預苦期是我們進入人類歷史中最重要的事件的旅程，偉大的三天則是上帝在歷史中的拯救工作那改變生命的經驗。對基督徒來說，在整個教會年曆中，沒有時間比偉大的三天更重要。這些日子要用來進入崇拜，那崇拜是我們整個靈性的源頭，這時刻為基督徒界定所有時間，這時刻是我們每個節期、每個星期、每個主日、每一天、每一刻的靈性的總和及實質。

幾年前，在復活節後的星期一，我到惠頓鞋店修理一雙鞋。我知道鞋匠是來自古老的國家一位熱情的東正教信徒，我以「基督已經復活」向他打招呼。他將手指舉向天，用低沉的聲音和不甚流利的英語回答說：「是的，祂在每一天的每一刻復活！」我感到他心裏深處知道偉大的三天的真正意義，生命中也活出這意義。

和鞋匠一樣，我閱讀和默想偉大的三天的經文時，也感受到被吸進這些事件中的經驗。這些拯救的事件，不只限於多個世紀以前那遙遠的國度和文化。它們令人產生聯想，發生在此時、此刻、此地。

逾越三天（偉大的三天）

在古代教會，這三天在星期四傍晚開始，在逾越節星期六守夜結束。這些崇拜稱為逾越三天（The Paschal Triduum）。這三天不能輕率地對待，也不能以閒談、享樂或趕業務浪費掉。它們是一整年中最神聖、莊嚴和慎重的三天。因為在這三天，我們在基督屈辱的死亡和埋葬，以及祂勝過死亡，從死裏復活的命運中，經歷和遭遇自己的命運。如果我們錯過這幾天，便錯過了一整年靈性朝聖的核心。

因此我們應該編排我們的時間，並且委身，在這三天將一切放在一旁，完全和惟獨集中在參與耶穌的死亡和復活，絕對不容許任何事情阻止或干擾偉大的三天要求我們的那種強烈的靈性專注。對這三天，四世紀的米蘭主教安波羅修（St. Ambrose）寫道：「我們不單必須守受苦日，也必須守復活日。因此我們有痛苦的一天，也有喜樂的一天；在這一天，讓我們禁食；在另一天，讓我們聚餐⋯⋯在神聖的三天⋯⋯〔基督〕受苦、休息、從死裏復活。關於那三天，祂自己說：『拆毀這聖殿，我會在三天內重建起來。』」[1]

在我自己的浸信會背景，會眾很認真地對待這三天。雖然我成長的教會從沒有受難週星期四的晚堂崇拜，但受難日卻得到十分認真的對待。受難日在正午和下午三時之間總有受難日崇拜，在那段時間，我們的主在十字架上經驗著痛苦。星期六是十分特別的一天，用來預備復活的主日。教會的男人總聚集在一起，在教會外面建造日出崇拜（sunrise service）的平台，我媽媽則預備與家人和朋友經常一起享用的盛大筵席。這些預備令我察覺到那三天的意義，內裏感到它們對我自己基督教信仰的重要性。雖然沒有人叫我在星期五和星期六要保持清醒和嚴肅，在主日要充滿喜樂，但那三天有特別的感覺，是我到現在還記得的。我現在知道，那些感覺由我們為那幾天的慶祝所作的外在預備喚起。我現在感到外在儀式對內在經驗是多麼重要。

初期教會明白外在儀式調整內在經驗的原理。因此，我們要恢復初期教會的踐行，與逾越奧祕有更深入和更敏銳的關係。讓我提議五種外在踐行，幫助我們與這些事件建立內在的關係，給我們的屬靈生命意義。首先，要參加偉大的三天的所有崇拜；第二，在受難週星期四崇拜後守完全的禁食，直到復活節崇拜後；第三，利用這段時間安靜默想和禱告，盡可能靜默；第四，避免購物、做生意、享樂；第五，藉著清理房子和預備復活節的筵席，為主日的筵席作準備。這些外在委身會調整內心的經驗，以戲劇化和真實的方式作為途徑，令我們深刻和滿足地經歷耶穌的死亡和復活，你會在來年的屬靈旅程中，一再記起這經驗。

濯足日

在濯足日，我們和耶穌進入祂最後一夜的黑暗，那黑暗會與邪惡的力量一同顫抖——出賣、被捕、鞭打，祂最終死在十字架上。這是艱難的一晚，是耶穌的黑夜，在其中，祂決意背負十字架，與祂必須與之搏鬥的邪惡力量，形成鮮明的對比。我們與祂一起走這條路。

愛筵

在很多教會，濯足日始於愛筵（Agape Meal）。因為在這一晚，耶穌與門徒一起吃飯、替他們洗腳、設立主餐、被猶大出賣。以聚餐開始是感人的經驗，是我們在復活節聚餐前吃的最後一餐（如果健康容許的話）。

餐桌的擺設總是簡樸的，食物十分簡單，令人記起耶穌的時代吃的東西。食物包括新鮮的麵包、湯、芝士、多種果仁和乾果，還有葡萄酒。桌上的禱文取自古代的猶太傳統，在教會的初期基督教化。當人們安靜地進食，在適當時候，有人會讀出約翰福音十七章。在那一刻的安靜中，耶穌在客西馬尼園的禱告，令人想起耶穌面對即將來到的死亡時那極大的痛苦。當我們更清醒地察覺自己正參與這事件中的事件時，一個人以閱讀詩篇六十九篇 1 至 23 節結束這愛筵。經文的開始是：「上帝啊，求你救我！因為眾水要淹沒我。」接著人們起來，安靜地移向聖所，繼續進入可怕的一晚那黑暗的朝聖。和他們一起，我開始感受到自己內在的存有，集中地落入自己靈魂深處，因為與耶穌感同而變得沉重。我在聖所垂下頭，安靜地前行。

那晚沒有音樂；音樂要到復活節崇拜才再奏起。這一刻的安靜傳達我們聚集回想及經驗的事件，是多麼嚴肅。這是耶穌的生命和我們的靈性的黑暗時刻，但也是必經的一刻。進程在安靜中進行。牧師轉身，嚴肅地說：「讓我們禱告。全能的天父，祢的愛子在受難的前夕，設立聖體寶血的聖事，並將這至聖的奧祕，賜給我們作永生的保證。求祢大發慈悲，使我們領受的時候，常存感恩的心，記念我們的主耶穌基督。聖子和聖父、聖靈，惟一上帝，一同永生，一同掌權，永世無盡。阿們。」[2]

讀經後（出十二 1 ～ 14；詩七十八 14 ～ 20、23 ～ 25；約十三 1 ～ 15；林前十一 23 ～ 26），傍晚的第二個重要行動——洗腳——即將開始。

洗腳禮

洗腳的習慣在基督時代的東方世界，是十分常見的。由於乾旱的氣候有塵土，人們又穿著涼鞋，在進屋時很自然會由僕人替你洗腳。耶穌選擇替門徒洗腳，打破了當時社會秩序的規則。藉著扮演僕人的角色，耶穌顯示祂會在十字架的屈辱中表達的愛——這種愛和犧牲是門徒不明白的。後來耶穌對他們說：「我賜給你們一條新命令，乃是叫你們彼此相愛；我怎樣愛你們，你們也要怎

樣相愛。」（約十三 34）

濯足（Maundy）這個詞語的意思源自拉丁文 *Mandatum Novum*，意思是「新的誡命」。因此**濯足**日是基督以言語和象徵的行動，設立「愛」這條新誡命的日子。在初期教會的禮儀，主教替他牧養的人洗腳，是象徵的行動，傳達基督教逆轉社會秩序的信息，號召所有人，特別是社會地位較高的人，視自己的生命為僕人的生命。在現時的崇拜更新中，這種踐行得到恢復。

我喜歡看著這古老的習俗重演。會眾中幾個人，代表不同的年齡層，走上前，坐在顯眼的位置。牧師拿起一盆水，將一條剛洗過的毛巾放在肩上，彎下身逐一清洗那幾個人的腳，像古老的教會那樣，抬起每一隻腳親吻。在這行動中，有人讀出約翰福音十三章 1 至 5 節部分經文，詩班回應：「平安是我給你們的最後禮物，我現在將我的平安留給你們；這平安是世界不能給予的，我將這平安賜給你。」最後一個人的腳也洗完後，讀經的人如此作結：「你們若有彼此相愛的心，眾人因此就認出你們是我的門徒了。」[3]

眾人沉默了一分鐘，或許更久，讓言語和象徵行動的意義更深入個人的思想。我默想耶穌替門徒洗腳的意義時，再次記起我生命中的呼召，是成為僕人，像耶穌一樣，願意獻出自己的生命，以捨己的愛服事別人。我自己的靈性要由耶穌的榜樣調整。我要服事我太太和兒女、我的學生和我的同事。我的呼召不是「你可以為我做甚麼？」而是「我可以為你做甚麼？」這種態度反映基督的靈，會在我們所有關係中與我們同在的那一位聖靈。**濯足**日是檢視活出捨己的愛這呼召的好機會，並檢視我們的人際關係如何回應捨己的愛這信息，這信息要在一整年調整我們的靈性。

設立主餐

在我們的主被猶大出賣的前一晚，祂設立了主餐，這個行動在**濯足**日崇拜的洗腳禮之後。主餐的背景是耶穌和門徒守的猶太逾越節筵席（太二十六 17～29）。在這背景下，祂拿起餅，祝謝，擘開，遞給門徒說：「你們拿著吃，這是我的身體。」（26 節）然後拿起杯來，祝謝之後說：「你們都喝這個；因為這是我立約的血，為多人流出來，使罪得赦。」（27～28 節）在這簡單的行動中，祂將標誌猶太靈性的主要猶太節期，轉化成基督教靈性的主要源頭。在這行動中，餅和酒成了基督教的逾越節，象徵救恩的新約，透過耶穌的死亡和復活而建立。

在**濯足**日的歡慶，我們回想主餐的**設立**。它嚴肅地提醒我們，餅、酒、死亡之間的連繫。它提醒我們，耶穌的死不單是人類的悲劇，也是耶穌自願受苦，為我們成為祭物。祂死，藉以除去對我們的定罪。

古代教會常見的是不單記念死亡，也記念飯桌崇拜中的復活。在這天晚上，我們的靈調整成深刻、強烈、持久地強調基督的死亡，崇拜要求我們記住這是「耶穌被賣的那一夜」(林前十一23)。

由於崇拜不單記錄過去，也是過去藉以變成現在的途徑，我們真的在那裏。在這一刻的安靜中，禮儀要求我們視自己的罪為我們出賣了基督。我們可能說我們愛祂，我們可能定期舉行禮儀，參與教會的生活，但我們對於基督對我們生命的主權漠不關心，沒有真正根據基督徒的價值觀生活，這不是表明我們出賣祂嗎？偉大的三天號召我們**感同**基督和祂的苦難。無論如何論述猶大，我都感受到他感到出賣的重擔，這重擔令他十分痛苦和後悔，以致自殺。但耶穌死去，為猶大的罪付上罪債，令猶大不致被定罪，恢復他與基督的關係。

我們要將自己的猶大帶到主餐桌前。我們喝的杯是耶穌流出的血，為要赦免我們的罪。那是立約的飲品和食物。我們以我們的罪冒犯了我們神聖的上帝，祂的憤怒要求懲罰那冒犯。但耶穌以祂自願的死，承擔我們的罪，令上帝赦免我們。我們吃餅喝杯時說：「耶穌的死是為了**我**，我接受這事實。我現在透過耶穌的犧牲與上帝和好。」在這一晚，我們以新的方式面對面接觸那信息：

我們不能透過自己的行為或道德的良善與上帝和好，我們只能夠信靠為我們死，釋放我們的耶穌。

在這晚，當我們站起來前行，伸出我們的手，接受祂破碎的身體的象徵，張開我們的嘴唇，接受祂為我們流血的記號時，我們應該祈求上帝在現在和未來幾天，調整我們的屬靈朝聖，深刻地以祂的死亡為中心。因為直到復活節，我們歡慶復活前，我們屬靈旅程的焦點，都是上帝自己受苦的核心，是耶穌為了我們而忍受的。

餐桌嚴肅的撤空

濯足日崇拜的最後行動是嚴肅地撤空聖餐桌，象徵耶穌被脱去衣服，預備釘十字架（太二十七 31）。這記號令我們與耶穌為我們承受的苦難和恥辱進入更深刻的相遇。

聖餐的禮儀現在完結了；牧師和羣體的其他成員安靜和嚴肅地以水清洗聖餐桌。同時其他人將聖餐桌搬走，並移走教堂內所有象徵生命和顏色的事物。花朵、燈、蠟燭、墊子、枱布和所有形式的美，都被帶出教堂，放在櫃中，直到復活那天。這些行動進行時，會眾讀出或唱出詩篇二十二篇，那裏以啟應結束：「他們分我的外衣，為我的裏衣拈鬮。」（18 節）

在很多教會，聖所整夜都開放，讓人們來禱告。那裏可能有一張簽到紙，供禱告的人簽名，他們在濯足日結束和日出之間，祈禱半小時或整整一小時。這象徵門徒在客西馬尼園和耶穌一起，直到猶大出賣耶穌，耶穌被指控者拘捕。

由於我們的靈性由濯足日的事件調整，主動經歷這禱告和默想的時刻，有很大的屬靈價值。雖然很多人不能也不應該整夜留在教會，但選擇中斷睡眠，與耶穌一起禱告，是有力的方式，讓我們在自己的身體和靈中，感受和經驗耶穌的苦難。重要的是，我們要避免單在頭腦上回想耶穌的痛苦。除非我們切實令自己的身體和食慾接受有意義的操練，否則我們不能體驗基督的苦難的切實意義。當我們的身體變得疲倦、我們的肌肉開始痠痛、我們的眼開始刺痛、我們的胃開始感到飢餓、我們的靈變得昏沉時，我們便開始以身心方式，體驗一點兒我們主的痛苦。這身體和靈性的憂愁，是以移情的（empathetic）方式，創造與基督在靈裏合一的感覺，切實進入基督的死的一種方式。[4]

受難日

主死亡那天名叫「**美好的**星期五」（Good Friday），這是有趣的。根據耶穌自己的痛苦和苦難，那不是美好的一天。但因著耶穌的死，在那天，邪惡的力量被驅逐、廢黜，那的確是**美好的**一天。我們那天崇拜的歡慶，捕捉了我們因著與耶穌感同身受而得的哀傷，以及我們知道祂的死意味著死亡的死去，邪惡力量被消除而得的喜樂，這兩者之間的張力。

在初期教會，受難日的崇拜總被視為延續前一晚的崇拜。在四世紀的耶路撒冷，整晚崇拜的基督徒，在日出時由客西馬尼園走到耶路撒冷，並在那裏讀出耶穌在彼拉多面前的受審內容，並在據說是耶穌被鞭打的地方禱告。禱告後，人們回家短暫休息，在早晨稍後回來崇拜，尊崇十架的木頭。一些人相信某塊木頭是十字架的遺骸，這塊木頭放在主教面前一塊白色亞麻布上。人們走過時，觸摸或親吻十架的木頭，作為表達對死在十字架上的基督的忠誠。

接著，在正午至下午三時之間，人們再次聚集，透過誦讀多段聖經，聆聽關於耶穌的死亡的訓勉。在下午三時，他們以閱讀福音書中一段關於耶穌的死的經文結束崇拜。在黃昏，他們再次聚集，聆聽關於埋葬的經文，很多人留到晚上，禱告和默想祂的死亡的意義。對他們來說，在那天回想耶穌的一生，將他們的屬靈朝聖，調整成在耶穌死時與耶穌感同身受。

今天，受難日至少有三種不同的崇拜，以再現這些事件。雖然沒有教會會舉行所有這些崇拜，但很多教會都會在受難日舉行一種或以上，讓敬拜的人在幾年時間中，根據那種崇拜調整自己的靈性。這些崇拜包括十架苦路（Way of the Cross）、三小時默想（Three Hours Devotion）、尊崇十架（Veneration of the Cross）。

十架苦路

這種崇拜有時稱為十架苦路站（Stations of the Cross），很可能源自耶路撒冷，在那裏，基督徒標示出耶穌由彼拉多的家，至祂被釘十架之地走過的最後旅程。他們的目的，是藉著屬靈地參與耶穌生命的最後事件與祂感同身受。多個世紀以來，十架苦路經歷了好些改變，最後在十七世紀定為十四個站。其中九個來自福音書的實際記載，五個來自流行的傳統。由於它在基督的墳墓結束，有些教會加上復活一幕。在受難日，或在預苦期和受難週的任何崇拜，最好不要加上復活那一站，應將復活的宣告留待復活節主日的崇拜。

十架苦路是感人的崇拜，最好在受難日早上舉行。如果你在前一晚跟隨著耶穌，現在在祂生命的最後事件繼續跟隨祂，這個崇拜會特別令你激動。你也可以私人進行這崇拜，懷著禱告的心，慢慢默想每一站，或者可以在附近找一所教會，是公開地進行這崇拜的。（天主教和長老會的教會特別喜歡舉行這種崇拜。)

我參加過這種崇拜很多次，每次都令我全新接觸耶穌走向死亡的旅程。在那旅程的每一步，我都帶著預苦期的經驗，以及委身於轉離邪惡的轄制，活像基督。當耶穌被判死刑，釘在十字架上，最後放進墳墓時，我經歷到自己的罪歸在祂身上，與祂一起釘在十字架上，最後和祂一起埋葬在墳墓中。這樣，十架苦路的崇拜，更深刻地預備我那即將到來的復活的內在經驗。[5]

三小時默想

和十架苦路這崇拜一樣，三小時默想用來幫助崇拜者與耶穌感同身受。在這裏，默想變得更深刻，因為它將耶穌最後的話，作為進入耶穌在十字架上忍受的苦難之靈性的方式。這崇拜的來源，正如大部分偉大的三天的崇拜，可以追溯到四世紀的耶路撒冷的偉大的三天。正午至下午三時之間的時間，耶穌被掛在十字架上，這段時間用來閱讀與受苦有關的經文，中間加入禱告，以閱讀約翰福音有關耶穌受難的經文作結。

今天的三小時默想的特別模式，源自十七世紀下半葉的祕魯，集中在十架七言。它最初在天主教會出現，然後傳到聖公會，再由聖公會傳到不同的新教教會。

我建議你安靜地參加這崇拜，藉著集中在這些最後的話的意義，讓它們深入你的思想。在這天與耶穌感同，與祂走整個十字架的旅程，與祂一起被掛在那裏，進入祂的痛苦和苦難。讓這經驗模塑你的敬拜，透過身體與基督感同，在你裏面，創造與祂同死的樣式。藉著禁食、禁慾、暫停業務，你將在肌肉、在胃部、在你身體的疲倦、你的安靜中，感受基督的死亡。

尊崇十架

就像十架苦路和三小時默想，尊崇十架也源自四世紀的耶路撒冷。它在十七世紀的耶路撒冷普遍流傳，並透過天主教和聖公會敬虔地傳遞下來。這崇拜通常在星期五晚進行，包括三部分：道的服事（service of the Word）和代禱，尊崇十架、聖餐。

崇拜以絕對靜默開始，人們安靜地坐下，彎腰或跪下作準備。聖職人員穿著黑袍，靜靜走到桌前，或安靜地垂下頭站著，或跪下或伏在地上一段短時間。禱告後開始讀經。先讀以賽亞書五十二章 13 節至五十三章 12 節，然後以詩篇二十二篇 1 至 22 節回應；接著讀希伯來書四章 14 至 16 節和五章 7 至 9 節；最後或讀或唱出約翰福音十八章 1 節至十九章 42 節的受苦紀錄。在每次閱讀之間，有一段靜默時間，讓忠信的人默想那些經文。有時會講簡短的道。

現在來到代禱。在這個時候，代禱比平常長，包括所有方面。禱告為整所教會、列國和地上的百姓、和平的人、受苦的人、還沒有接受福音的人獻上。還有甚麼時間比基督死的時刻，更適合承認祂是聽我們禱告的那一位？因為祂的死，肯定是回應我們為罪感受到的痛苦呼喊。在十字架上擔當我們的罪的那一位，肯定會在我們禱告時聆聽我們。在十字架前獻上的代禱，令我感受到基督勝過死亡的力度。受死勝過死亡的那一位，現在活著，為世界上所有人制伏各處的邪惡力量。代禱以復活有力的感覺觸動我，這復活會在哀傷的大日子（great day of sorrow）中來到，給我盼望。

接著是尊崇十架。如果新教教徒誤解了尊崇的意義，這對他們來說，會是崇拜中困難的部分。幾年前，有人邀請我在由惠頓牧者聯會（ministerial association of Wheaton）資助下，主持受難日崇拜。我選擇進行尊崇十架崇拜。代禱後，我講了一堂簡短的道，解釋尊崇的意義。我說：「在幾分鐘後，遮蓋著的十字架會被抬至壇前，分三個步驟揭開。抬著十字架的人會走三分一路程，帶著十字架進入聖所，然後他會停下來，揭開十字架的左邊，抬起十字架，然後歌唱：『這是十架的木頭，世界的救主掛在上面，』然後你們回應唱道：『感謝上帝。』第三次這樣做時，十字架已移至教會前面，接近聖餐桌。主禮會邀請你們逐一離開座位，站在十字架前面，如果想的話，可以觸摸它，甚至跪下親吻它。你們不是在尊崇一塊木頭，你們是在尊崇掛在十字架上的基督，我們救恩的器皿。」

在那崇拜中，超過三分二的會眾來自各個新教宗派，他們以前從未尊崇過十字架。他們來觸摸或親吻十架的木頭，而詩班則唱三首選定的聖詩，也有人讀經。我觸摸十架的木頭時，感到彷彿接觸到死亡這客觀事實。耶穌為我做的事變得真實。祂死在十字架堅硬的木頭上，在極大的痛楚和痛苦中，被釘在那十字架上。我感到我彷彿觸摸到耶穌被釘十字架那鐵一般殘忍的歷史事實，我感激、仰賴為我而死的那一位，祂使我脫離我自己生命中罪的權勢。

最後是聖餐禮，這天的餅在星期四晚成為聖潔的，我們安靜地領受，沒有平常的感恩禱告，然後結束崇拜。我們在安靜中離開，因為耶穌已經在墳墓裏。[6]

受難週星期六

大部分教會都沒有受難週星期六（Holy Saturday）崇拜。如果有，通常都在早上，包括讀經和禱告。不過，我即將談到的逾越節守夜崇拜，可能在星期六晚（晚上十時）或主日清晨（早上五時）舉行。

星期六是休息的日子，並預備復活的大崇拜。這天要保持靜默、禁食、禱告、與墳墓中的耶穌感同，並預備復活的大筵席。

復活節守夜

在我的福音派背景中，聖誕節，而不是復活節，才是主要的基督教事件。不過，在古代教會，情況剛好相反。死亡和復活的偉大的三天節慶，在逾越節守夜這整晚的復活節崇拜中，到達高潮。

當然，我們同時需要聖誕節和復活節。沒有道成肉身，便沒有死亡和復活。不過，我們信仰的中心，卻在偉大的三天的事件中，而這幾天中最偉大的日子，是復活這榮耀和奇妙的一天。因為在這一天，世界重新創造的新一天開始了。

「重新創造」、「重新開始」、「新一天」這個主題，貫穿整個復活節守夜（Easter Vigil）和復活期的七個星期。守夜本身由四個服事組成：首先是光的服事（service of light），宣告那新開始；第二，在讀經的服事（service of reading）中，宣告整個救恩歷史；第三，在洗禮的服事（service of baptism）中，「重新開始」體現在我們與耶穌感同的記號中；最後，復活節聖餐的歡慶，是經驗在基督裏的新生命的時刻。

光的服事

我的復活節守夜崇拜的第一個經驗，在一九七〇年代初。前一年的復活節令我很失望。我參加了一個十分普通的日出崇拜。惟一的視覺象徵是一個大十字架，這是我十分欣賞的。但崇拜本身是典型的主日崇拜，有組曲《祂從墳墓復活》(*Up from the Grave He Arose*)，由七首復活詩歌組成，加上詩班豐富的演繹，以及一篇冗長、沉悶的講道，是關於復活的證據的。那時我在那裏發誓，第二年的復活節，對我必須是不同的。

我聽過一個同伴提及星期六的逾越節守夜崇拜，於是去一所舉行這崇拜的教會聚會。我推開教堂的前門，發覺自己站在一個黑漆漆的大廳，裏面擠滿了人。那是十分黑的空間，於是我擠在門口附近，知道周圍都有人，我不敢移動，以免碰到別人。我只是站在那裏，在黑暗中等候。

當時我不知道，原來在黑暗中是充滿意義的。古代世界並沒有電，白天和晚上由日出日落調節。使用光驅除黑暗，在猶太和基督教傳統都充滿意義。在這裏，逾越節守夜的崇拜在黑暗中開始，因為基督的光，被祂的死亡熄滅。

似乎經過很長一段時間後，一根火柴燃起，拋進放滿乾柴的鍋內，黑暗戲劇性地被打破。整個前廊立即亮起來，我可以看到人們的臉孔。崇拜帶領者立刻唱出：「基督的光，」人們回應說：「感謝上帝。」

一根新的，叫做逾越節蠟燭的大蠟燭點起。（這蠟燭會在一整年使用，代表復活的基督在祂的百姓中間。它會在第二年的受難日熄滅，那時世界再次落入黑暗。）接著崇拜繼續，所有會眾進入黑暗的聖所，蠟燭開始在聖所亮起，光投在教堂牆上時，聖所漸漸閃爍著燭光。在人們前進期間，領唱者唱出《讚美》（*Exalted*），一首我以前沒有聽過的具歷史意義的歌曲。這首教會的偉大聖詩這樣開始：「現在歡欣吧，天上所有天使的詩班。」接著它表達這特別的夜晚深刻的神學意義。這是新逾越節的夜晚，在這晚，黑暗變成光明、憂愁變成喜樂、絕望變成盼望、死亡變成生命。這偉大宣告的內容，以及黑暗的象徵變成光，令我明白復活帶來的生命改變，是多麼真實。這也提醒我，在我們活著的象徵世界（symbolic world）中，找到方法，以新的和令人難忘的方式表達這偉大真理，是多麼重要。

讀經的服事

崇拜現在過渡到閱讀好些聖經經文。在不同的閱讀之間，我們唱頌詞、聖詩、輪唱讚美詩等等。由於我對這崇拜一無所知，我沒有察覺在古代教會中，整晚都在讀經，在黎明時，以洗禮作結。今天，我們通常沒有依從古老教會崇拜的長度。不同教會有不同的讀經時間，由三十分鐘到一小時不等。這些讀經的目的，是重述上帝在舊約中拯救的歷史，並集中在耶穌對這些經文和預言的實現。

經文談及上帝的創造、談及墮落，以及上帝怎樣參與歷史，拯救受造物和創造。讀經以講述耶穌的死亡和復活作結。身為福音派信徒，我記得自己想到，在這信仰中重要的一晚，重述福音整個故事，是多麼特別。多年以後，一個婦人告訴我，她九歲的女兒在讀經時轉向她說：「媽媽，你不喜歡這些故事嗎？」一個九歲的小孩也知道正在發生甚麼事，令她感到震驚！在我們這個後現代世界，我們必須恢復信仰的故事。這裏的崇拜，會將那故事放在我們記憶中。在光線微弱的教會中，敬畏地說出，並喜樂地回應。我們不能忘記這崇拜，它重述真理的方式，令它在我們裏面停留，模塑我們，成為故事的延續。

洗禮的服事

逾越節守夜的第三部分是洗禮的崇拜。我當時對古老的洗禮踐行一無所知，但自從那時開始，我便研究初期教會的洗禮踐行，以及它怎樣在當代世界轉化。那些受洗的人經歷了很長的預備時間，為他們在復活日的洗禮作準備。初期教會的預備時間大約兩至三年。在今天的教會，預備的時間最常是一年或以下。無論時間多長，這都是一個十分特別的夜晚。

那些即將受洗的人踏上屬靈旅程，進入信仰之中，然後是長時間的門徒訓練和屬靈模塑。在預備時期，這些將要受洗的人，在講道後被打發去與一位導師一起，思想信仰的教導，其餘的人則一起禱告，傳遞平安，以及接受聖餐禮。他們學會了信仰的操練——怎樣禱告、讀經、辨別屬靈爭戰，以及照顧貧窮人、弱者和無家可歸者的需要。他們也融入教會的生活，今晚在他們的洗禮後，他們會完全被接納到教會的生活中。

他們的名字被叫出時，那些受洗的人與導師上前。牧師再次問他們：「你是否拒絕撒但和所有關乎罪和死亡的事物？」然後再向他們提出信心的問題：「你是否轉向耶穌基督作為你的主和救主？」在他們堅定地回答了這些問題後，牧師邀請他們「進入基督的墳墓」，接受洗禮的水。跪在水中，歸信的人奉聖父、聖子、聖靈的名受洗，並宣告《使徒信經》(*Apostles' Creed*)，表達他們對三一上帝的信仰。

他們從水裏上來時，剛受洗的人再次跪下，接受另一個儀式。這次牧師將油倒在他們頭上。油滑落到他們臉上、眼中、口中。牧師將油平均和充滿愛地抹在剛受洗的人整張臉上和頭上，他們聞到油的香氣，代表聖靈甜蜜的同在，要在與耶穌基督持續的關係中，模塑他們的生命。接著從基督之燭(Christ candle)那裏，燃點一根蠟燭交給他們，提醒他們，他們帶有基督的光，要一生成為祂的見證人。然後牧師給他們白袍，吩咐他們換上復活節白色的服裝，然後與整所教會的人，一起接受復活節的聖餐禮，歡慶復活和他們在基督裏的新生命。[7]

我自己在十二歲時受洗，那是我生命中十分特別的事件。我擔任牧師的父親問我：「你是否拒絕魔鬼及其所有工作？」「你是否轉向耶穌作為你的主和救主？」這些悔改的話，仍然在我耳中和心裏響起。每當有人要求我提供信仰的見證時，我總是回到這洗禮的儀式。我不單認為它是我的歸信儀式，它也是號召我持續悔改的事件，是每一天、每一刻的禮儀。

近年對「改變生命的儀式」的研究顯示，這些儀式由三個元素組成：(1)棄絕以前的生活方式；(2)過渡；(3)生命的轉化。我自己的洗禮是轉捩點，但當中沒有很多儀式，但它令我明白，在復活主日進行的有力洗禮，可能成為轉化生命的事件，以及終生的屬靈記憶。

我不記得我參加的第一個守夜的所有細節，但我記得在洗禮後的聖餐崇拜中，對剛受洗的人進行的屬靈大事。他們穿著新的白袍站在前面時，牧師將他們介紹給會眾；他們拿著餅和酒走到桌前；他們先得到餅和酒，然後其他人才得到。崇拜後，在教會團契大堂舉行的復活節筵席，他們再次受到款待。當一個人真的從聖靈而生，以慎思的態度經過這些儀式後，這些禮儀會刻在他們的記憶中，成為生命的轉捩點。

在今天的世界，人們渴望儀式和象徵，作為生命轉折的標記，我想不到任何可以與聖經洗禮的記號相比的新生記號。洗禮是過渡到基督在地上的羣體的全面、有意識、積極的生命的象徵。

聖餐禮的服事

逾越節守夜以聖餐歡慶結束，是不被輕易忘記的。我在早上的日出崇拜經歷的則剛好相反，它驅使我尋找一些不同的東西。聖靈沒有提出復活的證據，祂只是向心和感官說話，並肯定真理。我在復活節歡慶中，聽到令我印象最深刻的講道一共十個字，牧師呼喊：「祂復活了，」人們以呼喊回應：「祂確實復活了。」在那一刻，風琴奏出「哈利路亞！」的旋律，所有人都唱「哈利路亞！」作為回應。教堂的鐘開始大聲響起，人們從各處拿著一盆盆百合花走來，在那一刻，聖所充滿新鮮的花朵。透過聲音和影像，教堂由死亡的死寂，進入生命的迴響，以讚美充滿聖所。接著整個羣體高唱《榮歸主頌》(*Gloria in Excelsis Deo*)。聖餐禮像平時的主日聖餐禮那樣進行(每個主日都是小小的復活節)，但那是十分特別的，因為那是復活的日子。

結論

在這一章，我提出救恩偉大的三天——受難週星期四、受難日和星期六晚的逾越節守夜。基督徒靈性最終是基於這些事件，因為透過它們，我們記念上帝在時空中的真實事件，在其中，耶穌基督為我們的罪被釘在十字架，並為我們的新生命復活。這些是確立我們靈性的事件。而且，由於我們的靈性是在耶穌基督**裏**，我們要透過持續向罪死，和不斷向聖靈的生命活，從而活在這些事件中。因此，教會必須超越現時的踐行，全面恢復偉大的三天，讓我們知道這三天多麼重要，不單作為記念的歷史事件，也作為在我們自己向罪死、在聖靈的生命中復活的事件活出。因為在這裏，有我們屬靈生命的源頭和能量。

表7：偉大的三天靈性總結

主題	屬靈重點
歷史上偉大的三天是甚麼？	受難週星期四 受難日 受難週星期六（在復活中結束）
為甚麼這三天對我們的靈性那麼重要？	耶穌的死亡和復活是我們靈性的**源頭**。這三天構成我們向罪死，在聖靈裏的生命復活的樣式。
受難週的濯足日記念甚麼？	最後的晚餐 洗腳禮 耶穌被捕
在受難日，哪些崇拜記念基督的死？	十架苦路 三小時默想 尊崇十架
復活節守夜的四個服事是甚麼？	光的服事 讀經的服事 洗禮的服事 復活的聖餐禮

偉大的三天的禱告

上帝啊，祢為救贖我們，讓獨生聖子在十字架上受死，又藉祂榮耀的復活，拯救我們脫離仇敵的勢力。求祢使我們日日在罪上死，就可以與祂一同永生，享受祂復活的喜樂。藉賴祢的聖子，我們的主耶穌基督而求；聖子和聖父、聖靈，惟一上帝，一同永生，一同掌權，永世無盡。阿們。

選自《公禱書》

思考問題

1. 花時間默觀上帝拯救的大能作為，作為靈性的來源。
2. 過去一年，你怎樣進入祂的死亡？你生命中有甚麼罪需要治死？
3. 過去一年，你怎樣在祂的復活中接受新生命？你希望明年怎樣被帶進這更新中？

偉大的三天崇拜和講道資源

參 Robert Webber, ed., *The Services of the Christian Year*, vol. 5 of *The Complete Library of Christian Worship* (Peabody, MA: Hendrickson, 1994), 381～96。

- 濯足日崇拜的資源
- 受難日崇拜的資源
- 受難週其他崇拜的資源
- 逾越節守夜的資源

第七章

復活期——復活的時候

> 我們今天歡慶的是得勝的節期——上帝的兒子，整個宇宙的君王的得勝。在這一天，被釘十字架的那一位將魔鬼打敗；人類因為復活的那一位而充滿喜樂。
>
> 耶路撒冷的赫西紏（Hesychius of Jerusalem）

在我認識教會年曆前，復活是一天的事件，不是七星期的節期。當然，這一天的事件十分特別。我仍然記得年幼時，家裏為復活節所作的預備。在六十年前的那些日子裏，重點在於**新的一天**，歡慶這新的一天的其中一個主要方法，是買新衣服。在今天的文化，買新衣服在復活節早上穿，可能顯得十分古怪，因為現在「為上帝盛裝」已經被「以平時的樣子來到」這種裝束取代。

我不知道我有沒有想過在復活節穿新衣的意義，我也不知道這個傳統的來源。或許它與啟示錄有關，在那裏，約翰提到「未曾污穢自己衣服的，他們要穿白衣與我同行，因為他們是配得過的。凡得勝的必這樣穿白衣」(啟三 4～5)。我自己的新衣，總包括一些白色的衣物——新的白恤衫、白色長褲，或者兩樣都有。蒙哥馬利浸信會(Montgomery Baptist Church)幾乎所有人都這樣。在復活節主日，幾乎每一個人都穿一些白色的衣物——白色裙、白色西裝、白色帽、白色襯衫、白色長褲、白色鞋。

白色有力地象徵一些特別的東西！兒童在奉獻禮或受洗時，穿美麗的白色衣服；人們穿美麗的白袍歡慶婚禮；在春天穿白色衣服，宣告冬天結束，太陽出來了，大地回暖，花兒盛放，樹木發芽，灌木變綠，野草生長。白色是復活節、復活的顏色，因為它是嶄新、潔淨、分別的顏色。在初期教會，或許受到啟示錄影響，那些在逾越節守夜受洗的人，在復活節主日和復活期的所有主日，都穿白袍。

在教會年曆，復活節確實是重要事件——耶穌從死裏榮耀地復活的事件。但正如我在這一章開首提到，復活期不是一天；它一直維持到聖靈降臨節的到來。

復活期作為節期，有聖經的先例。在復活後，耶穌向門徒顯現長達四十天，教導他們天國的真理(徒一 3)。

在第四十天，祂升天。十天後，聖靈降臨在門徒身上（徒二1～47）。隨著復活後的歷史，復活期發展成七星期的慶祝，包括升天，並以聖靈在聖靈降臨節降臨結束。我們現在視復活期為白色的節期，歡慶復活、升天以及聖靈在聖靈降臨節來到的節期。這對每個基督徒而言，都是屬靈模塑的偉大節期。

復活日

我一直受到訓練，視復活為歷史事實，它事實上也是歷史事實。保羅向哥林多教會清楚指出這事實。一些哥林多的基督徒似乎否認復活的事實，但肯定復活節的信仰。保羅對他們寫道：「既傳基督是從死裏復活了，怎麼在你們中間有人說沒有死人復活的事呢？若沒有死人復活的事，基督也就沒有復活了。若基督沒有復活，我們所傳的便是枉然，你們所信的也是枉然。」（林前十五12～14）

在二十世紀初（和今天），有些神學家否定復活的事實，但肯定復活節的信仰。哈納克（Adolf Harnack）的《甚麼是基督教？》（*What Is Christianity?*）在大約十九世紀末二十世紀初出版。在這本書中，哈納克宣佈，我們必須持守復活節的信仰，即使沒有復活的事實。[1]

我的背景——我的成長、我的教育、我生活的福音派圈子——十分強調復活節的事實。所有反對這事實的人都令我們感到被冒犯。因此，我們收集了所有證明復活是事實的證據，要勝過所有否定復活，或視它為信仰的絆腳石的人。但在我們真誠地為復活節的事實辯護時，我懷疑我們是否已將復活智性化（intellectualized），以致它變成事實，而不是信仰——或者至少成了被削弱和誤解的信仰。

我記得超過三十年前，我在惠頓學院（Wheaton College）的同事英奇（Morris Inch）講了一堂復活節的道。他提出一些問題：我們福音派是否執著於為復活節的事實辯護，以致失去復活節信仰的力量和意義？我們在生命中有沒有錯失復活的意義？我們是否不再留意我們生命中死亡和復活的樣式？我們是否不再期望復活在我們自己的生命中發生？

我感到震驚。英奇在向我說話。我那麼專注於為耶穌真實和歷史地從死裏復活這個事實辯護，以致我從沒有意識到自己需要跟從耶穌的樣式：在祂裏面向罪死、在祂裏面復活，接受在聖靈裏復活的生命。這堂道開啟了一種思想，沒有減低我對復活作為事實的接受，但卻肯定增強我不單關心耶穌的復活在歷史中特定的時間和地點發生，也關心復活必須在**我裏面**發生。

你已經與基督一同復活

基督必須在我們裏面復活這個觀念，是復活節主日的一個首要主題。事實上，整個教會年曆的個人層面，都源自這復活節事件的主觀經驗。如果基督真的在我們裏面復活，我們便可以經歷將臨期的等候和聖誕期的喜樂；我們可以成為基督顯現之處；我們可以真的踏上預苦期的道路，走進偉大的三天，經驗真正轉化的屬靈旅程；我們可以成為復活節的人（Easter person）和聖靈降臨節的體現者（Pentecost presence）。

復活節是教會年曆所有事件的來源事件。它像沙漏中間的洞一樣。教會年曆每一件事件都流進復活節，正如教會年曆的所有事件，都由復活節流出一樣。

福音派肯定復活節，和教會年曆其他拯救事件一樣，它是事實和歷史的一天。在復活節主日，復活節事件的兩面都要得到肯定。如果復活節被化約為只是事實的日子，我們便將那事件智性化了。如果我只集中在復活事實的證據上，我裏面復活的現實便被除去，復活靈性的意義便消失。

不過，還有另一種危險，就是在我裏面過分詮釋復活事件。我們活在高度自我專注的世界，在其中，一切都根據「它們可以為我做甚麼」來詮釋。懷爾德（Greg Wilde）是我的朋友，在崇拜研究學院任教，他指出「專注於自我」成了教會一個真實存在的問題。他強調真正的靈性：

> 在過去所有範式中，自我都從屬於系統——道德系統、社會系統、政治系統，甚至物理系統，例如萬有引力和環境條件。不過，在過去三十年，或許自從第二次世界大戰開始，自我第一次變得至高、自主、全然重要，自我本身成為一個系統，不再從屬於任何道德法則，除了它本身的法則，不再需要自我以外的任何人，不再需要認同任何人以接受認可，甚至科技也先進到一個地步，使我們不再需要遵從萬有引力，或者留在水面上或甚至留在地球上！我們可以做任何事，而這卻殺死了我們。[2]

雖然復活是為了我，但它不是**自我專注**的事件，像廣告說的「你知道嗎？那全是關於我！」。維持復活節的「事實」和「信仰」之間的弔詭，是復活節靈性的關鍵。保羅清楚地提供那主觀的指引：「你們若真與基督一同復活……你們的生命與基督一同藏在上帝裏面」（西三1、3）。說基督實際上從死裏復活，這同一位基督在我裏面復活是甚麼意思？復活節的信息是甚麼？要回答這個問題，必須先集中在復活節的事實上，然後，只有在那時，才集中在復活節靈性上。

復活節的事實

在盡可能清楚説明我們怎樣有分於復活前，必須清楚表明復活的意義。根據古代教父對聖經的詮釋，復活節的信息是整個創造已更新。復活的事實是上帝勝過邪惡的力量——那些尋求毀滅上帝的創造的力量。基督勝過邪惡的故事，一直追溯到墮落，以及創世記三章 15 節的預測：「我又要叫你和女人彼此為仇；你的後裔和女人的後裔也彼此為仇。**女人的後裔要傷你的頭；你要傷他的腳跟。**」（強調為後加）

對初期教父來説，復活節是**基督得勝**的一天。撒狄的麥利託（Melito of Sardis；公元 195 年）在偉大的復活節講道中，傳講這個主題：

> 但祂從死裏復活，上升到高天。主披上人性，為受苦的人受苦、為被囚的人受捆綁、為被定罪的人受審判、為被埋葬的人被埋葬。然而，祂從死裏復活，高聲呼喊：與我對抗的是誰？讓他與我對抗。我令被定罪的人自由、我給死人生命、我使被困在墳墓裏的人復活。誰是我的對手？祂説，我是基督。我是除去死亡，勝過敵人，將陰間踏在腳下，

捆綁那強者，將人帶到高天的。祂說，我是基督。[3]

復活節是肯定上帝的使命完成的一天。上帝恢復創造。祂是勝過那些敵擋祂、尋求毀滅祂創造秩序的力量的主。

聖經告訴我們世界的故事。那故事是上帝美好的創造墮落腐化。受造物深深地受到傷害，後此隔絕，不能修補那由亞當造成，並由全人類繼承的破壞。人類這災難性狀況的影響，在創造中那麼徹底地表露，以致「一切受造之物一同歎息」（羅八22），因為它「服在虛空之下」（羅八20）。這個故事最戲劇性的元素，是上帝在耶穌裏成了肉身，藉以扭轉人類的狀況。保羅在羅馬書五章18節捕捉了這偉大的宇宙逆轉：「如此說來，因一次的過犯，眾人都被定罪；照樣，因一次的義行，眾人也就被稱義得生命了。」基督制伏邪惡的工作超越受造物，擴展到整個創造。因為「但受造之物仍然指望脱離敗壞的轄制，得享上帝兒女自由的榮耀」（羅八21）。麥利託的講道顯示，復活節那天怎樣將創造、墮落、道成肉身、死亡和苦難、復活的勝利，以及人類的終末盼望，帶到萬物的重新創造中。麥利託以幾句驚人的句子，概括整個故事，並捕捉復活節事實的信息，那事實是上帝將人類墮落的景況逆轉過來。

在道成肉身中，上帝成為第二亞當。第一亞當將罪帶到世界，但第二亞當帶來公義；第一亞當將死亡帶到世界，但第二亞當帶來生命；第一亞當帶來定罪，但第二亞當帶來稱義。因此，耶穌基督這新人，完全更新大地的面貌。透過祂的生命，生命變得聖潔；在祂的死亡中，祂為罪付上代價，令人與上帝的關係復和；在祂的復活中，祂打破死亡的力量，打開通往天上的路，為整個世界帶來新生命。教會現在蒙召成為新起點的見證人，這新起點由耶穌基督帶給世界。教會蒙召藉著作為新創造，體現復活節的事實：號召人們進入新生命，等候耶穌再來，除去所有執政的，作主作王，掌管整個創造，這就是復活節的事實。我們對新創造的盼望，建基於復活節主日，在它裏面有我們復活節靈性的來源和意義。

復活節靈性

在基督裏面，生命和新創造，我們生命和所有創造的重新開始，都得到保證。我們復活節的呼召，是讓祂活在我們裏面，憑信心接受祂的新生命，讓祂掌管我們，為了整個世界的生命連於祂、有分於祂的復活。這樣我們便重生（約三 3），成為新造的人（林後五 17）。

我們可以在洗禮中找到聖經對復活節靈性的比喻。

受洗的生命，是根據**死亡和復活的樣式**而活的生命。保羅主要是想顯示，洗禮描述我們屬靈生命的兩面——向罪死和向聖靈的生命復活。保羅關於復活節靈性的導言在羅馬書六章：「所以，我們藉著洗禮歸入死，和他一同埋葬〔預苦期是通往洗禮埋葬之路〕，原是叫我們一舉一動有新生的樣式，像基督藉著父的榮耀從死裏復活一樣〔復活節是我們洗禮復活的事件〕。」(4 節；括號中的內容為後加)現在保羅來到他的關鍵句：「我們若在他死的形狀上與他聯合，也要在他復活的形狀上與他聯合」(5 節)。**聯合**的觀念，明顯是**基督在我裏面**的主觀成分，這裏的觀念是十分具體的，我們不可能忽略那重點。在與祂的死亡聯合中，我們要向罪死。在與祂的復活聯合中，我們要向新生命活。「因為知道我們的舊人和他同釘十字架，使罪身滅絕，叫我們不再作罪的奴僕；因為已死的人是脱離了罪。」(6～7 節)基督的勝利，打破令我們犯罪那邪惡的力量。我們不再屈服於邪惡力量的試探和吸引。「我們若是與基督同死，就信必與他同活。因為知道基督既從死裏復活，就不再死，死也不再作他的主了……這樣，你們向罪也當看自己是死的；向上帝在基督耶穌裏，卻當看自己是活的。」(8～9、11 節)

復活節的信息是，如果我們要住在耶穌裏，過復活的生命，那方法是透過有分(participation)。這信息與我在復活節經常聽到的信息十分不同。我聽到的是透過智性的證據認識上帝：相信事實，那樣會轉化你的生命。我也聽到認識上帝是透過情感實現：感受上帝、感受赦免、感受上帝在你心中。當然，證據和感受是重要的。

沒有人應該否認聖經中支持復活的有力論證的價值，也沒有人應該否定在聖詩、講道、聖餐中，感受復活的基督同在的力量。但初期教父和古老教會強調的，是透過有分認識上帝。我們透過受洗歸入基督的死，並向復活的生命活，以有分於基督。這是我們存在每一天、每一刻的經驗，我們選擇在某個情況下向罪死，而基督為那些罪死；我們也選擇聖靈的生命，而基督為此向新生命復活。利奧一世是一位細心思想我們的新生命怎樣在洗禮的比喻中，與基督的死亡和復活感同的教父，他這樣說：

> 上帝的兒子為了與世界和好而做和教導的一切，不單透過過去的歷史紀錄讓我們知道；我們也透過祂現在作工的大能經驗它……不單那些勇敢、榮耀的殉道者分擔祂的苦難；所有重生而忠心的人也分擔這苦難，並且在他們重生的行動中這樣做。因為當人棄絕撒但和相信上帝時，當他們從腐敗進入新生命時，當他們放棄屬地的形象，穿上屬天的樣式時，便經過一種死亡和復活。由基督接待，也

> 接待基督的人，在洗禮後和以前不同；重生基督徒的身體（body），變成被釘十字架的基督的血肉（flesh）。[4]

總而言之，復活節主日是最重要的主日。它是所有主日中的主日，它是整個宇宙新開始的一天，復活的一天。

在我們的崇拜中，我們必須小心，不要將我們的信息，化約為只是復活節的史實。復活節的事實必須包括這史實宣告的信息：上帝更新了一切，它必須也包括我們與基督一同復活的信息。呼召上帝的百姓向罪死和向新生命復活，不單在復活節是主要的，在整個復活節節期也是主要的。

復活節主日

對那些踐行復活節作為一天，而不是一個節期的事件的人來說，想到一連七星期的節期，一直延續到聖靈降臨節，可能是一個挑戰。不過，一旦明白復活節的主題，以及它們怎樣連繫到歸信、與基督聯合的主題，我們便會熱中於接受復活節作為一個節期。但我必須警告你，復活期的主題，與我們的文化，以及我們今天運作教會和踐行靈性的方式，是背道而馳的。

最近我邀請藝術家邦克（David Bunker）在北部神學院我任教的一個崇拜課程主講「回到隱喻」（the return to metaphor）這個題目。邦克的呼籲令我驚訝，他說：「我們活在隱喻的時代。我們的世界由消費主義、自我滿足、自主、富人和名人的生活等意象推動。我們容許這些隱喻和意象模塑我們的基督徒經驗和教會。要基督教再次變得健康，成其所是，我們需要新的隱喻。」[5]

我同意！但我們毋須發明新的隱喻（邦克也不是這個意思）。信仰在新約和初期教會的那些最初的隱喻，是需要成為新隱喻的古老隱喻。復活期是適當的時候，重新捕捉這些古老的隱喻，更新它們，使其變得生氣勃勃。以新的方式尋找、宣告、活出這些古老的隱喻，能更新教會，令她擺脱現時的文化腐敗，激活我們的靈性。復活期的主要隱喻，是教會作為復活的百姓，活出復活的靈性。因著復活節，我們與基督聯合，蒙召在祂的復活中、在我們洗禮的身分中生活。

復活節這個最重要的主題，不能在一天內傳達，它需要一個節期。而這個節期在教會年曆中，是每年都重複的。

復活靈性的主題是甚麼？第二、第三、第四個主日，處理復活的靈性怎樣在教會的崇拜生活中，並在好牧人親自照顧下形成。在第五、第六、第七個主日，耶穌預備復活的羣體接受祂升天（復活節後四十天）以及聖靈在聖靈降臨節降臨（聖靈降臨節在復活節後第八個主日來臨）。祂特別給祂的羣體一些記號，讓我們知道，雖然祂升到父那裏，但我們繼續與祂聯合時，祂仍然與我們親近和同在。

這些主題可以用來設計很好的崇拜，透過這些崇拜，上帝在地上的羣體繼續由永在的復活主模塑。讓我們看看這些主題，探究它們對基督徒模塑的意義。

復活期第二個主日：教會

復活期第二個主日以教會為焦點是十分恰當的。教會是上帝百姓的羣體，由復活節事件界定，蒙召活出復活的生命。

初期教父喜歡將教會與以色列比較。以色列出自出埃及事件，並由此定義。以色列偏離正路時，先知要以色列人悔改，回到出埃及事件此起點。先知要他們藉著活在由出埃及解救事件確立的立約關係中，從而牢記上帝對自己的呼召。

教會總是被拿來與以色列比較。彼得寫道：「惟有你們是被揀選的族類，是有君尊的祭司，是聖潔的國度，是屬上帝的子民⋯⋯你們從前算不得子民，現在卻作了

上帝的子民；從前未曾蒙憐恤，現在卻蒙了憐恤。」（彼前二 9～10）

和以色列一樣，教會經常忘記她的來源。她經過曠野飄流的時期，背叛的時期，忘記她是耶穌基督死亡和復活的羣體——蒙召活出她復活靈性的羣體。我們正活在這種時期嗎？

最近我與一間聖經教會（Bible church）的牧者談話，他查詢北部神學院的教牧學博士課程。實際上，他在跟我面試，想知道我們的事工的重點，藉以決定我們的課程是否符合他的牧養關注。

他問：「你認為福音派牧者面對的主要困難是甚麼？」

以一種我想是保護自己的方式，我回答說：「我不知道自己能否確切地回答這個問題。我相信福音派一個主要困難在於如何將佈道引向門徒訓練，然後是屬靈模塑，最終融入教會。我們福音派在傳福音方面做得很好，但我們沒有訓練、屬靈模塑新歸信的人，使他們融入教會。」

我不知道他對我的答案有甚麼感覺，但他立刻說：「讓我告訴你我認為我的主要困難是甚麼吧。我花了大部分時間嘗試說服福音派信徒留在教會。他們悶得發瘋，想做基督徒，卻不需要教會。」

我已經不是第一次聽到有人談及對教會感到失望。

最近一位八十四歲的朋友向我描述他的教會，他搖頭說：「老實說，鮑勃（Bob；編按：本書作者的暱稱），有時我對自己說：『我在這裏做甚麼？』」我朋友不是在屬靈上懶惰的人。他喜愛教會，喜愛聽道，喜愛上帝的百姓，但他那所教會雖然名義上是福音派，卻充滿污穢的政治，以市場和商業原則運作，崇拜模式襲自電視清談和娛樂節目。他是那麼失望，以致懷疑自己能夠容忍由文化多於上帝羣體的聖經和初期教會原則模塑的教會多久。他不是惟一這樣想的人。很難找到一個星期，是沒有人親自或以電郵告訴我，他們對當代教會的情況感到多麼憂慮和困惑。如果你也有這種感覺，復活期的第二個主日，便是很好的時間去處理這個困難，號召教會成為復活百姓的羣體。

復活期是號召教會回到根源、回到她最初的身分的時候。很明顯，我們留意到最初的教會不是完美的，教會總與自己人性的一面搏鬥。或許正因為這樣，「懷疑的多馬」這個故事在主日讀出。多馬想要證明，因為他的信心建基於證據。啟蒙運動（Enlightenment）教導我們，只有能夠證明的東西，才可以相信。我們福音派深受現代要求證明的思想影響，彷彿信仰由證據產生。但希伯來書的作者教導我們說：「信就是所望之事的實底，是未見之事的確據」（來十一 1）。

復活的證明不在於理性的論證，而在於復活百姓的羣體。教會蒙召成為記號，成為復活節信息的見證人，見證基督制伏了邪惡的力量（弗三 10）。教會蒙召成為復活的百姓體現的實在（embodied reality），活出復活的實在。我們在使徒行傳二章 42 至 47 節，得到關於這種羣體的洞見。

我曾經參加一個查經小組，帶領查經的人問了一個我認為相當富爭議性的問題。我們閱讀使徒行傳二章關於初期教會的記述，帶領查經的人問：「這個記述是規範性的（prescriptive）還是描述性的（descriptive）？」我記得當時大家激烈地討論，但卻想不起大家達致統一的答案。

我經常回到那個問題，思想初期基督徒羣體的生命象徵甚麼。路加的主張是教會有很強的崇拜，經驗到奇迹，有羣體的感覺，有充滿活力的家庭團契，人們喜樂和慷慨、心懷好意，歸信的人增加。我仍然不肯定這記述屬於規範性還是描述性，但無論怎樣，它都對很多教會現時的狀況極具啟發性。

要考慮的重點，是教會的生命象徵甚麼。她說話、她溝通。今天很多人感到現時的教會象徵文化。我們將教會淺陋化，令她變得那麼迎合人，以致她沒有棱角。我們需要將教會帶回起點，回到她在耶穌基督的死亡和復活這些根源，再次成為復活的羣體。

這古老的耶路撒冷教會，是象徵復活靈性的教會，活出復活的生命。今天教會更新的真正關鍵不是策略，像教會增長運動告訴我們的那樣；而是像初期教會那樣，我們要體現復活。這些羣體變成復活靈性的集體表達，能夠吸引和留住未得救和不上教會的人。人們不是透過綽頭、娛樂或甚至所謂適切性而留在教會。今天能更新教會的，是對復活的集體經驗。教會是復活經驗得到命名和認識的處境。

復活期第三個主日：崇拜

崇拜是不斷歡慶復活節事件。在崇拜中，人們學習和經驗復活的靈性。

教會在崇拜中有沒有落入曠野的飄流？我知道至少有兩種困境：不斷解釋的崇拜和鼓勵人們與上帝建立浪漫關係的崇拜。

我到過的很多羣體，都是不斷解釋崇拜的。這同樣是啟蒙運動的影響。人們認為，人性中惟一能夠感知的方面是思想，因此人們將在崇拜中所做的一切都說出來。「我們準備做某事，現在我們已經做了那事，我們準備做這事。你看到並明白那連繫嗎？」我們將認罪說出來，解釋聖詩，最糟的是，在解釋之上再加解釋，將主餐活活打死。難怪人們感到沉悶。我們需要學習聖經的崇拜行動，信任我們踐行的象徵能表現我們的信仰。崇拜是象徵的過程，我們藉此宣告（是的，使用言語）、歌唱（不需要解釋）、演示（是的，戲劇化）最初的事件，根據祂的死亡和復活的樣式形塑我們。

接著有一種崇拜，將與上帝的關係浪漫化。浪漫的崇拜可以追溯到十九世紀浪漫主義運動（romantic movement）的影響。這種與上帝的關係，以激動和善感的用語表達，往往使用浪漫的意象。一些當代的歌曲過分浪漫。我最近去過一所新教會，他們的音樂將上帝浪漫化。我前面一對男女將整個情節表現出來。唱出情歌時，他們擁抱，深情地望著對方，甚至親吻。崇拜不是與上帝的浪漫關係，雖然它可以十分感人，深深觸動內心。崇拜確實會帶來大喜樂，因為它宣告基督有能力使我們從生命的混亂中起來，重新進入上帝裏面。

復活期第三個主日一段受歡迎的經文，有力地記述了革流巴和他的同伴在往以馬忤斯路上的故事（路二十四章）。這個故事對更新我們的崇拜，是十分重要的，因為它關乎怎樣根據死亡和復活調整崇拜，以及怎樣在崇拜中經歷復活的靈性。

今天的崇拜似乎沒有內在節奏、沒有可以察覺的屬靈模塑樣式、沒有內在流動的感覺。禮儀的學術在以馬忤斯的故事中，找到初期基督徒崇拜的模式。它是一個四重模式，要留意那結構。革流巴和他的同伴走在路上，耶穌和他們一起走，宣告祂的死亡和復活的意義。接著，他們和耶穌在桌前一同用餐。在擘餅時，他們認出祂。接著他們跑回耶路撒冷，向樓房的門徒作見證：祂已經復活了，我們在擘餅時認出祂！崇拜建基於這個結構，這裏有它最簡單但深刻的形式：

我們聚集
聆聽那好消息
一起擘餅
出去告訴別人

在這四重模式裏，有死亡和復活以及盼望的信息。留意這崇拜是上帝的行動：耶穌在路上開始那關係、耶穌宣告祂的死亡和復活、耶穌在擘餅時與他們相遇、耶穌在他們告訴別人時出現。聖經清楚顯示：總是由上帝開始一段關係。一般來說是真實的事情，對崇拜來說也是真實的。崇拜是上帝的工作。

禮儀(liturgy)一詞，衍生自希臘文 *liturgeia*，表示「百姓的工作」。我們在崇拜中的工作，是進行記念和盼望的工作。在崇拜中，我們記念上帝在歷史中拯救的工作，特別是上帝在耶穌的死亡和復活中，為我們的罪成為祭物，並勝過邪惡的力量這工作。因此，在崇拜中，我們預期祂再來，完全除去邪惡，上帝的平安掌管整個受造世界。

因此崇拜象徵上帝和上帝拯救受造物和創造的使命。但要留意這種崇拜的內容，它是表現性的，也就是說，它為那些宣告和演示上帝的工作的人做一些事情，它轉化他們。

革流巴和他的同伴感到混亂，他們踏上往以馬忤斯的路。耶穌在他們無助時與他們相遇，對他們宣告祂的死亡和復活的意義，透過在桌前的轉化經驗與他們相遇。他們跑回耶路撒冷宣告復活時，成了已經更新的人。

真正的崇拜不是節目，不是關於上帝的浪漫感覺，而是傳達個人的生命和看法的一種真實和真誠的轉化。

每個主日都是「小小的復活節」。每個主日都要歡慶復活事件。百姓記憶和盼望「踐行基督事件」的工作，是個人和集體接受復活的靈性模塑的來源。這就是復活期第三個主日的信息。

復活期第四個主日：好牧人

寫這本書那年的復活期第四個主日，我在紐約市。我太太和我選擇到訪曼克頓（Manhattan）的聖巴多羅買教會（St. Bartholomew Church）。福音經課和講道都是關於耶穌和好牧人（約十 1 ～ 21）。客席講員是一位女主教，她在開始講道時說，她處於不利的情況，因為她從未遇過牧羊人，對牧羊也所知不多。但她說，她看由牧羊人寫的書和文章，或者關於牧羊的書和文章，藉以更明白經文。

我的第一個印象是：「做得好！」我對近年我們為自己的文化沒有經驗過的聖經隱喻尋找生動的等同這個觀念，感到厭倦和懷疑。她沒有透過我們都熟悉的比喻重新詮釋這段經文，令我安心。我不想聽到關於好技工或好教師或好導遊的講道。我想聽關於好牧人的講道。

文化等同（cultural equivalence）往往將聖經的意思淺陋化或完全扭曲。我同意侯活士（Stanley Hauerwas）的話，他堅持在後現代世界中，我們必須回到基督教抗衡文化的觀點。這種抗衡文化的信仰必不可少的元素，是明白信仰的語言（language of faith）。那位主教正是這樣做。她教導我們牧羊人的語言和語法，我大開眼界。我不記得整堂道，但幾個洞見令我留下深刻的印象。

首先，牧羊人完全委身於羊羣。他與牠們一起生活，日夜都與牠們一起。他認識每一隻羊，知道牠們的脾氣、牠們的需要、牠們的喜惡。羊不像牛那樣需要驅趕或強迫，因此好牧人帶領羊羣，從不驅趕牠們。這個主日的詩篇恰好是詩篇二十三篇。「耶和華是我的牧者，我必不致缺乏。他使我躺臥在青草地上，領我在可安歇

的水邊。他使我的靈魂甦醒，為自己的名引導我走義路。」（1～3節）

好牧人的意象——為羊羣犧牲自己生命的牧羊人，這就是僕人領導的意象。好牧人耶穌為我們這些祂的羊羣，獻出自己的生命。從死裏復活後，祂現在帶領我們到青草地。

這帶領我們到主教的第二個重點。羊羣不會跟從其他牧羊人，牠們認得牧羊人的聲音、他的氣味、他手的觸感。另一個牧羊人可能來到羊羣那裏，呼喚羊羣，仿照真牧羊人的所有儀式，但羊羣不會移動。牠們只會站著或躺著，彷彿沒有甚麼事情發生。但真牧羊人說話時，牠們便順服他的命令，因為牠們認識和信任他。

古代教會在洗禮時閱讀詩篇二十三篇，這是值得留意的。正如我提過，洗禮，是受洗歸入耶穌。我們在洗禮中蒙召，與為我們犧牲的好牧人感同。我們蒙召在死亡和復活的樣式中跟隨祂。復活期第四個主日提醒我們，我們有一位領袖——好牧人，我們要聽從祂的聲音，也要跟隨祂的生命。

復活期第五個主日：教會的事奉

由復活期第五個主日開始，復活節的重點有關鍵的轉變。我們知道，復活和升天之間的時間是教導的時間。

路加告訴我們，耶穌「四十天之久向他們顯現，講說上帝國的事」（徒一 3）。人們一般都同意，關於耶穌對死亡和復活及其意義、國度的意義等教導，都包含在福音書和書信中。

轉變正在於此。耶穌知道祂需要裝備門徒接受祂升天和回到父那裏。祂需要處理怎樣繼續與他們同在，在祂肉身不在時引導他們這個問題。復活期其餘日子的焦點，正是這個問題。耶穌裝備門徒成為教會、祂的身體、祂在世界持續的同在。教會是耶穌的**記號**，而且正如我們會看到，她還包含復活，現在已經升天的主同在的額外記號。

復活期第五個主日集中在事奉的記號。耶穌教導祂的門徒，「人子來，不是要受人的服事，乃是要服事人，並且要捨命，作多人的贖價」（太二十 28）。現在門徒，以及不久後的教會，都需要學習怎樣成為百姓的牧者，跟隨他們好牧人的榜樣。

升天的主透過教會持續道成肉身的同在這個主題，強調教會需要藉著彼此相愛，好像基督愛教會，為教會捨棄生命那樣，經驗耶穌的同在（約十三 31 ～ 35）。

我認為我們忘記了教會蒙召，是要向世界成為耶穌。在二十世紀下半葉，教會開始將本身等同於整個美國。你明白那情形——有人說，由市場主導，以商業為模式的教會，能夠更有效地運用資源，產生更多歸信的人。國度會由沃爾瑪教會（Wal-Mart church）建立，有適合每個人的東西，屬靈的貨品推銷給屬靈的消費者，以及對策略敏感的管理人員。

這種文化主導的教會模式，似乎與耶穌的教導不符。最近我聽了北卡羅萊納州（North Carolina）夏洛特（Charlotte）的加略山教會（Calvary Church）的牧者，《教會公司以外》（*Beyond Church Inc.*）的作者瓦格納（Glen Wagner）的演講。在一次個人談話中，他說：「鮑勃，我有過那經驗。我牧養過巨型教會，但我不能留在那裏。現在我嘗試教導一間被巨型教會原則燒傷的教會走耶穌的道路，這不是容易的任務，它需要整個範式轉移（paradigm shift）。」

那範式轉移是在事奉中，恢復復活的靈性。所有在基督裏的人，都是事奉者。基督是大牧者，透過按立，基督委派羊羣中一些人，奉祂的名作牧羊人，負責帶領。牧羊人從來都不運用權力。真正的牧羊人帶有終極牧羊人的印記。教會的主任牧師蒙召以身作則，帶領我們結出果子，最重要的是，以愛領導。

復活期第六個主日：聖靈

在復活期第六個主日，我們十分接近主升天的日子。升天在復活期第六和第七個主日之間的星期四發生。一些教會會在這兩個主日的其中一個，歡慶升天。

在這時候，耶穌更專注於裝備門徒，告訴他們更多關於聖靈來臨和祂在教會服事的事情。在約翰福音十四章，腓力問道：「求主將父顯給我們看」，耶穌回答說：「人看見了我，就是看見了父」（8～9節）。接著耶穌將這洞見帶到祂與父的聯合，肯定父會差派聖靈，聖靈「要在你們裏面」（17節）。祂教導說，那些與聖靈聯合的人，是與祂聯合，並透過祂與父聯合。在這裏，耶穌清楚教導復活靈性的神學。初期教父，特別是東方傳統的教父，透過聖靈的恩賜發展出與三一上帝聯合的神學。他們相信，聖靈的加力（empowerment），連繫到洗禮和聖餐這些可見、有形的記號。

在流行福音主義的現代世界，我們傾向將聖靈與記號分離。但在初期教會，洗禮的記號伴隨著聖靈的印記：「你們既聽見真理的道，就是那叫你們得救的福音，也信了基督，既然信他，就受了所應許的聖靈為印記。這聖靈是我們得基業的憑據，直等到上帝之民被贖，使他的榮耀得著稱讚。」（弗一13～14）在洗禮及其代表的信心中，我們接受聖靈。

初期教父也將聖靈連繫到聖餐禮。希坡律陀（Hippolytus）約在二世紀末三世紀初寫成的《使徒傳統》（*The Apostolic Tradition*）中記錄的古代聖餐禱文，為我們記錄了在吃餅喝杯時作出的三一禱告（common triune prayer）。讚美父和記念子的拯救工作後，向聖靈禱告，祈求聖靈招聚教會合一，然後肯定我們在真理中的信仰。在基督身體（Christ's body）的羣體中接受的餅和酒，傳達關於耶穌基督的真理，它也傳達我們透過聖靈與子的聯合，以及透過子與父的聯合。

初期教父視大寫的「關係」（relationship）為**洗禮**和**聖餐**禮。例如教會經常透過「預表解經」（typological exegesis）詮釋舊約，他們認為雅歌的親密在洗禮和聖餐禮中實現：洗禮是我們的婚姻，而聖餐是愛的親吻。

在我們現代理性的世界，我們傾向視洗禮和聖餐禮為**我們**獻身於上帝的記號。但在古代教會，洗禮首先是上帝表達我們與祂聯合的記號，然後是我們接受這聯合，以及它號召我們根據死亡和復活的樣式生活的記號。聖餐禮也是上帝的記號——肯定耶穌為我們死、為我們復活。再一次，聖靈肯定耶穌的死亡和復活的真理，在其中，我們受洗，聖靈且透過餅和酒，以死亡和復活靈性的樣式不斷培育我們，這樣式首先在我們洗禮時確定。

聖靈安慰我們，引導我們進入一切真理，祂連繫到的記號包括——教會、事奉、愛、洗禮、聖餐和更多。所有這些記號都聚焦在我們信仰的中心，我們屬靈生命的源頭：耶穌基督和祂為我們的死亡和復活。這些記號不單提醒我們與祂聯合，當我們以信心接受時，它們也傳達我們之間的關係。

復活期第七個主日：耶穌的禱告

在聖靈降臨節前的主日，教會適宜記念耶穌在客西馬尼園的最後禱告（約十七章）。那禱告的焦點在於上帝的榮耀、子與父分享的榮耀，以及現在由那些在子裏面的人分享的榮耀。

上帝的榮耀，總是連繫到祂拯救的大能作為。祂的榮耀特別在出埃及事件和呼召以色列成為祂的百姓中彰顯。上帝的榮耀在耶穌的洗禮、登山變像、死亡和復活中顯明，也會在祂回來除去邪惡的力量，永遠掌管整個創造時顯明。我們也知道上帝的榮耀在耶穌升天中顯明。祂回到祂在創世前一直與父擁有的榮耀。

最令我們震驚的是，耶穌認為祂的榮耀要透過祂的百姓延續。「你所賜給我的榮耀，我已賜給他們，使他們合而為一，像我們合而為一。」（約十七 22）驚人的事實是，子與父的大榮耀和父拯救的大能作為的榮耀，是賜給教會的榮耀，以致透過她的合一，上帝的榮耀可以在全地讓人知曉。

這裏有另一個復活靈性的記號：教會的合一。這並不表示我們不能認同教會的多元。這關乎我們的偏見，以及我們沒有堅守教會必要的合一。我曾經堅持，教會合一的惟一基礎是真理，我的意思是我的版本的真理。借用薛華的一句話，**真正的真理**，是我們在耶穌基督的位格裏合一——成為人的上帝挽回墮落的受造物和創造。有些人可能視這種堅守為化約（reduction），並堅持要配合神學思想的整個系統——這可能是浪漫主義，或東正教，或改革宗，或信義宗，或重洗派，或衞理宗神學。這些都是關於那傳統的傳統，而那傳統是耶穌基督。當我學懂絕對堅守基督，以及祂為受造物和創造的死亡及復活的獨特性，這使我明白和欣賞所有傳統。我們是眾多羣體中的一個羣體。我們可能有所不同，但與我們共同擁有的相比，這些不同只是細微的。

總而言之，復活期關乎我們復活的靈性。我們的呼召是在祂死亡和復活的樣式中生活。為了在這呼召中鼓勵我們，上帝給我們教會、聖靈，以及我們與祂聯合的記號——洗禮、聖餐、僕人事奉、愛、合一。[6]

兩個歡慶

在復活期，救恩歷史的兩個主要歡慶是升天日和聖靈降臨節主日（Pentecost Sunday）。

升天日

我認為在大部分教會，升天日都默默無聞地來到又離開。這是十分可惜的，因為升天在上帝的救恩計劃中，是十分顯著的。升天在復活節後四十天出現。在那四十天，我們的主教導門徒，裝備他們接受祂離開和聖靈來臨（徒一 1～11）。升天日在星期四，聖靈降臨節前十天，但在聖靈降臨節前的主日歡慶升天，也是恰當的。

我們在升天日歡慶甚麼？書信中散見對升天的詮釋，但兩個最顯著的神學詮釋，記於以弗所書和希伯來書。希伯來書的作者深刻地理解耶穌基督身為我們的大祭司的工作。在八至十章，他比較舊約會幕的大祭司和耶穌的工作。舊約的大祭司一年一次進入至聖所，「為自己和百姓的過錯」獻祭（來九 7）。這祭是「天上事的形狀和影像」（來八 5）。但基督是真正和永恆的大祭司，「並且不用山羊和牛犢的血，乃用自己的血，只一次進入聖所，成了永遠贖罪的事」（來九 12）。

作者將基督的工作與舊約的大祭司比較時，他稱基督的工作為「更大更全備的帳幕」（來九 11）。它是「至高」的約，「憑更美之應許立的」（來八 6）。它是「新」約，令前約「歸無有了」（來八 13）。它是更好的約，因為耶穌現在「在這末世顯現一次，把自己獻為祭，好除掉罪」（來九 26）。這個「預表詮釋」，是對耶穌為罪獻祭這工作一種深刻的洞見。但作者沒有止於耶穌地上的工作。

耶穌升天，作為我們的永恆代禱者，繼續祂的工作。希伯來書的作者宣告：「那些成為祭司的，數目本來多，是因為有死阻隔，不能長久。這位既是永遠常存的，他祭司的職任就長久不更換。凡靠著他進到上帝面前的人，他都能拯救到底；因為他是長遠活著，替他們祈求。」（來七 23 ～ 25）

基督為我們所作的，是永恆的。「我們所講的事，其中第一要緊的，就是我們有這樣的大祭司，已經坐在天上至大者寶座的右邊，在聖所，就是真帳幕裏，作執事；這帳幕是主所支的，不是人所支的。」（來八 1 ～ 2）耶穌基督，這位原是上帝的人，加入我們人類，為我們死，也為我們復活，祂現在升到上帝的寶座，繼續在父面前代表我們：因為祂「進了天堂，如今為我們顯在上帝面前」（來九 24）。**做了需要做的一切去拯救我們的那位，現在繼續站在父面前為我們代求！**

在給以弗所羣體的信中，保羅為我們提供另一個令人驚歎的洞見，是只因為升天才讓人知道的：基督升天是我們蒙召的盼望。「並且照明你們心中的眼睛，使你們知道他的恩召有何等指望，他在聖徒中得的基業有何等豐盛的榮耀」（弗一 18）。

初期教父視主的升天，為將耶穌人的本性高舉到上帝的寶座。永恆的道聯合到耶穌完美的人性。由於耶穌有分於我們人性（沒有罪），因著信心，我們與耶穌聯合，於是我們的人性得到救贖，與耶穌聯合，被高舉到上帝的寶座。利奧一世這位初期教父這樣表達這個深刻的真理：「因為在這天，我們不單確定我們擁有天堂，我們也在基督的位格中進入了天上；透過祂美好得難以言喻的恩典，我們取回的，比我們在魔鬼的憎恨中所失去的多得多。」[7]

保羅也請我們留意升天在神學上的另一層面。在升天後，我們的主坐在「遠超過一切執政的、掌權的、有能的、主治的，和一切有名的；不但是今世的，連來世的也都超過了。又將萬有服在他的腳下，使他為教會作萬有之首。教會是他的身體，是那充滿萬有者所充滿的」（弗一 21 ～ 23）。

耶穌是「超過一切執政的、掌權的」，「為教會作萬有之首」這真理指向教會在世界的目的：「為要藉著教會使天上執政的、掌權的，現在得知上帝百般的智慧」（弗三 10）。

但仍有一個問題：如果耶穌升上天，祂有沒有在我們中間，留下任何祂同在的記號？很明顯，這個問題最首要的答案是差派聖靈，是教會在聖靈降臨節經歷的。耶穌將祂的升天連繫到聖靈的來臨。祂告訴門徒：「『但靈降臨在你們身上，你們就必得著能力，並要在耶路撒冷、猶太全地，和撒馬利亞，直到地極，作我的見證。』說了這話，他們正看的時候，他就被取上升。」（徒一8～9）聖靈的工作，是升天的主同在的記號。

聖靈在我們中間的記號是甚麼？當然，教會，也就是基督的身體，象徵升天的主的同在。教會知道祂的同在，是在聚集的百姓中彰顯的。因為「無論在哪裏，有兩三個人奉我的名聚會，那裏就有我在他們中間」（太十八20）。教會的集體經驗，是基督的同在，在由耶穌給教會的特別記號中彰顯——水及餅和酒的記號。因為在洗禮的水中，我們在耶穌的死亡和復活中與祂感同身受（羅六1～11），並在吃餅喝杯時，分享祂的同在（約六）。

剛過去的春天，我應邀在北部神學院的教堂帶領一堂升天崇拜。那是簡單，且只有三十分鐘的崇拜，所以我沒有做任何複雜的事情——只運用升天的重要元素。由於升天是節慶，我們以列隊行進聖詩（processional hymn）《同歡慶快樂辰》（*Hail Thee Festival Day*）開始。當我們唱這首榮耀和莊嚴的聖詩，是關於基督進入祂的榮耀時，我的行政助理奧爾森（Ashley Olsen）跳舞，以行動表達對於耶穌進入天上的喜樂。

讀出始禱後，會眾繼續讀出關於升天的經文，然後我講了一堂簡短的道，指出保羅和希伯來書的作者對升天的神學詮釋。然後我問：「基督沒有留下任何祂在我們中間同在的記號給我們嗎？」我以響亮的「有」回答，並指向教會、洗禮的水、餅及酒，這些祂在我們中間持續同在的記號。

接著我指向桌上那碗水，捧起一些水，揚起來，灑在碗內，然後談及水怎樣成為耶穌同在的記號。我們唱《祂是主》（*He Is Lord*），承認耶穌升天後的身分時，我邀請所有人上前，沾一些水，做十字架的記號，象徵祂的同在。這樣，那看不見的十字架烙印便刻在他們的額頭和心裏，作為祂在他們生命中持續同在的記號。我不肯定人們怎樣接受這一切，因為那是浸信會的神學院。不過，所有人都上前，在額頭畫十字架。

在現代世界，我們福音派傾向視象徵為僵死和空洞的。現在，在後現代世界，一種對象徵的表現能力新的觸覺出現了。嬰兒潮時期的基督教領袖要求沒有符號的崇拜，年青的福音派則在崇拜的空間恢復使用十字架，並恢復使用水、油、餅、酒，「不單作為符號」，也有力地宣告和演示福音。

或許下一個復活期，你會進行（或參加）升天崇拜。正如聖經顯示，它是上帝拯救歷史中一件重要的事件。它不是節期，而是一個事件。如果我們想形塑教會和個人的靈性，我們必須留意升天的主，祂永不止息地為我們代求，並透過教會、我們與祂感同的記號（水）、祂持續栽培我們的記號（餅和酒），常與我們同在。[8]

聖靈降臨節

聖靈降臨節在救贖歷史中扮演著重要的角色。但有很多宣稱以福音為導向的羣體，卻不歡慶聖靈降臨節。為了讓上帝的百姓完整經驗那好消息，強調聖靈降臨節是必須的。廣義來說，聖靈降臨節賦予耶穌的追隨者理解力，在事奉中給他們力量，建立教會，並指向歷史的終結，那時，基督的國度會在全地建立。

首先，聖靈降臨節令人更清晰和更深刻地理解耶穌。在祂整個事奉中，耶穌教導門徒祂在地上存在的目的時，特別提到祂神聖的來源，以及祂在死亡和復活中的命運。很明顯，這些話被掩蓋起來，因為祂最親密的門徒也不明白。在祂復活後那四十天，祂也「講說上帝國的事」（徒一3）。同樣，那教導可能是密集的，但透過聖靈降臨，才變得更清晰。因為藉著聖靈的洞見，彼得宣告耶穌實現了所有彌賽亞盼望，而且是主。在這裏，使徒行傳二章36節是**宣講**（kerygma）的核心：「故此，以色列全家當確實地知道，你們釘在十字架上的這位耶穌，上帝已經立他為主，為基督了。」人們必定清楚明白這個宣告，因為他們提出一個戲劇性的問題：「弟兄們，我們當怎樣行？」對此，彼得回答說：「你們各人要悔改，奉耶穌基督的名受洗，叫你們的罪得赦，就必領受所賜的聖靈。」（徒二 37～38）雖然這只是理解信仰的**開始**，但卻是重要的開始。正如我們現在知道，聖靈繼續傾出關於信仰的奧祕，記錄在新約的經文中。

第二，聖靈的降臨帶來新的能力。在這裏，耶穌在升天前給教會的使命開始成形。在聖靈降臨節筵席，「有虔誠的猶太人從天下各國來」（徒二 5）。這之後不久，上帝在耶穌基督裏的使命這個信息，在世界各地宣告。聖靈也將恩賜賜給上帝的百姓。方言的恩賜，是讓人在世界各地宣告上帝的信息——隨著宣教的旅程，信仰在一世紀擴展時，聖靈的其他恩賜也揭示。其中一個恩賜是聖靈為我們禱告，是我們自己不能說出的（羅八 27）。

聖靈降臨節的第三個結果是教會。基督徒總將聖靈降臨節主日標誌為教會的生日。藉著聖靈的能力，教會是耶穌在世界的同在（presence），以及與世界同在的延續。「基督的身體」這個在初期教會常見的比喻，捕捉了教會的道成肉身這面向。當基督坐在父的右邊，祂也完全以奧祕的方式與祂的身體——教會——同在。

最後，聖靈降臨節指向世界的終結和上帝的國度在上帝創造的萬有中建立。彼得宣告說，聖靈降臨節「在末後的日子」開始，並指向「主大而明顯的日子」來到（徒二17、20；參17～21）。這段來自約珥書（三1～5）的引文，強調將來的審判，這審判在後來的書信闡明，對邪惡的力量發出最後一擊後，上帝的國度會遍及全地（參彼後三10～14）。

我們現在活在末後的日子，聖靈降臨和我們的主回來之間的時間。因此，聖靈降臨節是上帝拯救時間中重要的一刻，我們現在活在這一刻，等候我們的主回來。

怎樣歡慶聖靈降臨節

我在上面總結的神學洞見，模塑聖靈降臨節的崇拜——它的環境、它的聖詩、它的讀經和講道、它的洗禮踐行、傳道者祝聖、它的聖餐禮。我的助理，較早時提到的禮儀舞者，應邀在一所浸信會教會的聖靈降臨節歡慶中跳舞。她興奮地告訴我那環境——周圍都有紅色——聖靈降臨節的顏色：敬拜者穿著紅色的衣服、有紅色的橫額、紅色的講壇及聖餐桌布、牧師打著紅色的聖帶（stole）、座位掛著紅色布、舞者揮動紅色旗。

這是多麼重要。我們記得我們看到的事情，真理在顏色中。顏色在舞動、顏色在宣告、顏色在行動、顏色在提醒、顏色在演示——講述、發佈、傳達聖靈來到的真理。我們大部分人，都幾乎忘記這樣的崇拜中所做的其他一切，但紅色作為聖靈來到的記號的意義會留下來，號召我們活出聖靈在我們的生命中，以及在教會的生活中的意義。[9]

結論

聖靈降臨節的崇拜結束教會年曆的一部分，並開始另一部分。聖靈降臨節主日結束那在第一個將臨期主日開始的非凡節期。在大約六個月，教會經過上帝的拯救事件——祂的道成肉身、向世界顯現、生命、死亡、復活和升天，以及聖靈的降臨。所有這些重要的事件，形塑信仰和屬靈生命。

很明顯，這些日子可以單以禮儀的方式遵守，不帶來信心和基督徒的模塑。不過，專注於基督救恩的好消息，並懷著熱誠這樣做的牧師和會眾，會以屬靈模塑的方式，傳遞基督教信仰的核心真理。清晰、有目標和合乎福音地踐行教會年曆，便不會錯失那重點。

崇拜現在進入另一個節期——常年期。在這裏，教會回想新約中教會的教導，以及那裏記錄的基督徒生命的踐行。

表8：復活期靈性總結

主題	屬靈重點
為甚麼白色是復活期的顏色？	白色是復活期的顏色，因為它是新、潔淨和分別的顏色。白色代表喜慶。
甚麼是復活期靈性？	復活不單在特定的時間和地點發生，也要在我裏面發生。
試解釋復活信息的歷史意義。	復活信息是基督勝過邪惡的力量；祂是所有受造物和創造的主。 基督徒透過復活的視野認識主。
試解釋復活靈性關乎個人存在的意義。	在復活靈性中，我們蒙召根據向罪死和向新生命復活的樣式生活。
復活靈性有甚麼集體意義？	教會的來源在復活節事件。集體的教會活出復活生命時，便成為真理的見證人。 崇拜是持續記念基督事件對全世界的意義。 耶穌是教會的好牧人。 所有在教會中事奉的人，都奉耶穌的名這樣做。 聖靈在教會中的臨在，彰顯在會眾洗禮和聖餐禮的記號中。 上帝的榮耀透過教會延續。
甚麼是升天的靈性？	為我們和我們的救恩受死及復活的耶穌，現在在父面前永不止息地為我們代求。
甚麼是聖靈降臨節的靈性？	在聖靈降臨節，聖靈來繼續豐富我們對耶穌的理解，並給我們力量奉祂的名事奉。

復活期的禱告

全能的上帝，認識祢就是永生。祢使我們確實知道祢的聖子耶穌基督是道路、真理、生命，我們就能堅定不移地跟隨祂的腳蹤，走永生的道路。藉賴祢的聖子，我們的主耶穌基督而求；聖子和聖父、聖靈，惟一上帝，一同永生，一同掌權，永世無盡。阿們。

選自《公禱書》

思考問題

1. 用你自己的話描述復活期的靈性。
2. 思想上帝的拯救擴展到整個世界，包括全地這個復活期信息。
3. 教會如何在世上記念世界得拯救？
4. 你教會的崇拜，是持續歡慶基督的死亡和復活嗎？何以致此？
5. 對你來說，「基督是你永恆的代禱者」是甚麼意思？
6. 聖靈怎樣為你的生命和事奉加力？

復活期崇拜和講道資源

參 Robert Webber, ed., *The Services of the Christian Year*, vol. 5 of *The Complete Library of Christian Worship* (Peabody, MA: Hendrickson, 1994), 373～426。

- 復活期崇拜的介紹
- 復活期的崇拜資源
- 崇拜的藝術資源

第八章

聖靈降臨期——經歷上帝更新同在的時候

我們這些一次過在基督裏模造自己，配得讓祂居住在我們裏面的人，如果願意的話，可以單以我們生命中嚴謹的紀律，毋須說任何話，便向所有人顯示居住在我們裏面那一位的能力。

屈梭多模

聖靈降臨節至將臨期開始之間這段時間，稱為**常年期**（ordinary time）。對比起來，經過將臨期、聖誕期、顯現期、預苦期、偉大的三天、復活期，並在聖靈降臨節主日結束的時期，稱為**非常年期**（extraordinary time），之所以叫非常年期，是因為它的主要目的，是歡慶上帝在歷史中具特定歷史性的超自然行動，令受造物和創造得拯救。這本書大部分內容都是關於這非常年期，特別留意上帝偉大的拯救事件怎樣模塑教會和個人的靈性。

這是否表示常年期是次要的時間，在靈性方面沒有模塑作用呢？完全不是。用**常年**（ordinary）這個詞語形容聖靈降臨期，是有助益的，但並非完全準確。**常年**這個詞語在我們教會年曆的用語中作為對比，突出非常年期的特別性質。但常年期並不平常，讓我解釋一下。

常年期的性質

常年期（由聖靈降臨節至將臨期）強調的是每個主日的崇拜。為了明白常年期怎樣**不平常**，我們需要回顧為甚麼教會在主日崇拜。我們必須由猶太人的安息日講起。

安息日

幾年前，我和一位正統的拉比成了朋友。有一次，他邀請我太太、我和另一對夫婦參加他家裏星期五晚的安息日晚餐。我們到達後，他太太指向客廳中一個支托物上面點著的八根蠟燭，並說：「這些蠟燭用來款待我們家裏的四個人，以及今晚與我們共享安息日的你們四位。」這燃燒的蠟燭象徵的是接待的美麗行動，令我們立刻感到賓至如歸。

我們先花時間看一些古董，聆聽與它們有關的故事，然後彼此熟絡起來。在這段時間，拉比漫不經心地對我說：「我們猶太人就是喜歡安息日，這是休息和與我們所愛的人建立關係的時間。我們不做任何工作。我們不聽電話、不煮食，甚至不關門。我們只是休息和交往。」

我想：「啊，做猶太人真好。」

不久，我們圍坐桌旁。拉比先擘開一條麵包，然後為大地的恩賜感謝上帝，將麵包傳開，請我們每個人吃一塊。接著他拿起一瓶酒，倒進杯中，作古老猶太人的禱告，為了葡萄的恩賜感謝上帝。倒出來的酒在桌子傳開，我們每人都喝了。接著我們進食，那些食物十分美味。談話集中在我們的家人和我們的信仰上，十分有意義。

那頓飯結束時，拉比解釋說，在猶太傳統，人們常常在一頓飯結束時禱告。他說：「我太太和我會用希伯來語向彼此唱出一首詩篇。你們可能不明白歌詞，所以請進入我們禱告的靈中。」那位拉比也是專業的音樂家，他開始歌唱詩篇，他太太唱副歌，聲線很動聽。歌曲完結時，拉比看著他太太雙眼，稱讚她說：「我感謝上帝賜你作為我的妻子。我的生命因為你而得到祝福，我的福杯滿溢。你是好女人，我們孩子的好母親，我們客人仁慈的女主人。願上帝讓我們共度多年。」

接著拉比叫孩子到他身旁，逐一按手在他們頭上，為他們祝福。他們跑去玩耍，不久我們上車回家。我們駕車時談到共度的快樂時光，談到那接待、那家庭的愛。我們特別評論他們委身於休息。

猶太人安息日的關鍵是休息。正如我們知道，這源自創造那幾天，上帝到了第七日休息。猶太人從星期五日落至星期六日落休息的傳統即安息日，那天，全部創造都處於靜止狀態。

星期日

那麼，為甚麼要在星期日崇拜？根據猶太人對時間的認知，星期六是一個星期的第七日，這令星期日成了一個星期的第一日。耶穌的復活發生在星期日，一個星期的第一日。福音書的作者，都仔細地記錄復活發生在一個星期的第一日（太二十八1；可十六2；路二十四1；約二十1、19）。對基督徒來說，一個星期最重要的一日是星期日。為甚麼？星期日稱為「主日」（啟一10）。正如星期六對猶太人是特別的日子，星期日對基督徒也是特別的日子。星期日是復活的日子、新創造的日子、重新開始的日子。

在第七日，上帝從祂創造的工作中休息。但在第一天，上帝行動，重新創造世界。因此星期日，第八日，以十分特別的事件——星期日的崇拜——將創造和重新創造連在一起。因此常年期的星期日並不那麼平常——它們歡慶上帝在歷史中行動，拯救受造物和創造的完整故事。這是常年期的特別性質，它是歡慶世界的重新創造的日子。

星期日的特質

我個人認為，很多教會都已經失去星期日崇拜的真正意義。在某些羣體，星期日是復興的日子、為尋道者而設的日子，或者教導的日子。從歷史來說，星期日是上帝重新創造的日子，是上帝應許更新大地面貌的日子。從歷史來說，星期日崇拜表達三個真理：它記念上帝在歷史中的拯救行動；它經驗上帝更新的同在；它預期上帝在新天新地的工作完成。

星期日記念上帝在歷史中的拯救行動

星期日崇拜透過記念施展拯救行動的上帝，從而表達基督教的真理。最近我在北部神學院一個崇拜課程中，講述崇拜釋經學（worship hermeneutic）。那個課程的學生來自不同宗派和文化。我的論點是，要知道你為甚麼崇拜，以及怎樣崇拜，你必須明白模塑你的傳統的釋經學（釋經的方法）。

我談及一種釋經學，它以上帝在聖經的啟示為崇拜的出發點，這種釋經學視崇拜為教導，因此崇拜主要是講道。它令我記想我在神學院的日子，那時我在一所小堂會擔任實習牧師。一位客席講員說：「鮑勃，你今天最好將前面的環節縮短，我會講一堂長的道。」他對崇拜的觀點是，主要事件是講道。我實際上認識這個傳統的某些人，他們在星期日崇拜遲到，因為「反正只有講道才是重要的。」

如果你的釋經學的重點是教會，像中世紀傳統那樣，你對崇拜的出發點，便是建立根據已確立的禮規（rubrics）進行崇拜的教會，透過崇拜中的聖禮（sacraments），以奧祕的方式傳揚上帝。

現在很多教會的釋經學，重點主要是自我生產。**我**敬拜上帝、**我**宣告上帝的價值、**我**敬拜和尊崇祂。我一位好朋友認真思考崇拜，他最近提出一個問題，是關於一首崇拜歌曲的神學的。他喜歡那曲調，想唱那首歌，但對在即將到來的崇拜中使用它感到矛盾。他說：「鮑勃，我在考慮使用這首宣告『我們立你為王』的歌，但我不大肯定。你認為如何？」我的即時問題是：「是我們立基督為王，還是父立祂為王？」

重點是，源自自我的那種十分經驗化（experiential）

的崇拜，不是真正合乎聖經的崇拜。它含有虛假的假設，以為**我**有能力服事，它假設**我**服事上帝。我到過很多崇拜羣體，都是有這個假設的。我知道我沒有甚麼可以獻給上帝。我不能再唱那些要求我深入自己，從自己裏面為上帝獻上讚美的歌。這種自我的努力，令我厭倦。從我出發嘗試宣告上帝的價值，這顯得空洞和空虛，甚至條文主義和虛假。

學生聆聽我解釋這些釋經學。我不完全肯定他們在想甚麼，但解釋過這些和其他釋經學後，我說：「讓我再提供一個例子給你們。」我向班上的非洲裔美籍學生說：「我認為你們的釋經學，源自出埃及事件。你們對受奴役的希伯來人感同身受，你們對他們從奴役中得解救感同身受、對他們的救贖，以及他們的新開始感同身受。」非洲裔美籍學生高聲呼喊說「就是這樣！」、「對呀！」、「來吧！」、「傳講它吧！」、「讚美上帝！」、「再說一次！」回應時，令我驚訝。

在這描述中，我不單觸及黑人崇拜本能地做甚麼，也觸及真正合乎聖經的崇拜釋經學——記念。在崇拜中，我們記念上帝拯救的大能作為。出埃及事件是基督事件的一個典型（type）。上帝在我們受罪奴役、受空中掌權的奴役、受這個世界執政及掌權的奴役的狀況中，尋找我們。上帝的使命是拯救我們。崇拜踐行上帝的使命；

它宣告和演示這使命；它歌唱這使命、教導這使命，模塑我們成為上帝在耶穌基督裏的拯救事件的百姓。

舉個例子，一段時間以前，我的一位好朋友，他是長老會的牧師，他要求我帶他去一所以聖經為焦點的教會。他說：「我從未去過以聖經為焦點的教會。我想在那個傳統中崇拜。」於是我帶他到惠頓聖經教會（Wheaton Bible Church）參加主日晚堂崇拜。崇拜以幾首歌開始，然後牧師說：「讓我們禱告。」他禱告說：

主啊，我們感謝祢按祢的形象創造我們。
我們失腳落入罪中時，祢沒有任我們留在罪中；
祢以耶穌基督這個位格來到，
祂生活在我們中間，
為我們的罪而死，
復活，
升天，
將來會回來更新大地，永遠建立祂的國度。
我們奉祂的名崇拜時，求祢賜福我們。

我對自己說：「就是這樣。這就是了。這就是世界的故事，這就是關乎人類存在的真理。」崇拜踐行真理，它講述和演示上帝的故事——上帝怎樣拯救受造物和創造。它在我們的聖詩和合唱中、在我們的讀經和講道中、在我們的禱告中，最重要的是，在我們吃餅喝杯的感恩中。

星期日崇拜，每個星期日，都是關於上帝的故事的歡慶。當我們的崇拜不斷沉浸在這故事中——透過聖詩、講道、洗禮、聖餐、教會年曆的歡慶——它將在上帝的榮耀這劇院中，形塑我們自覺和不自覺的生活。

星期日是上帝更新同在的經驗

星期日崇拜的第二個特點，是經驗上帝的同在。近年，崇拜者就他們在崇拜中，有沒有經驗上帝的同在接受調查。最常見的答案是「沒有」。我認為這個回應，源自對「如何令上帝同在」一個基本的誤解。我認為很多人尋求溫暖模糊的方式，錯失了「上帝的同在在上帝百姓的崇拜中彰顯」這更明顯的方式。

讓我以一個聖經規律開始：**上帝的同在，總是在可見和有形的記號中顯明。我們在崇拜中的呼召，是向上帝的同在開放，讓上帝的同在在我們生命中體現**。聖經有很多以可見的記號傳達上帝同在的例子，只舉幾個例子已經足夠。摩西在燃燒的荊棘中，經驗到上帝的同在。藉著開放，他聽到上帝的呼召，他體現這個呼召，走到埃及，要求法老釋放上帝的百姓。上帝帶百姓出埃及後，指示他們興建會幕，「使我可以住在他們中間」(出二十五 8)。對那些知道怎樣經歷的人來說，上帝的同在是明顯的。他們知道上帝居住在會幕中，在至聖所的基路伯之間的約櫃上，這模塑他們的生命，辨別上帝的同在，並順服祂的話。

上帝同在的至高行動，發生在道成肉身中。道成了肉身，住在我們中間。上帝以肉身的耶穌而變得可見。祂以肉身在我們中間生活、被釘十字架、埋葬、復活，然後留在門徒中間，教導他們，模塑他們變成祂的形象。但四十天後，祂升上天，再沒有人見過祂——真的這樣嗎？

問題正在於此。我肯定我們有些人說：「我希望祂在這裏。我希望可以看見祂、觸摸祂、和祂一起走路、聽到祂的聲音。」我們可以。耶穌不可能離開我們，祂也不可能不給我們祂同在的記號。可幸祂沒有讓我們獨自一人，不留下祂同在實在和具體的記號。

祂差派聖靈活在我們中間。祂在星期日崇拜中同在的第一個記號，是聚集的人羣。這對我們彼此接待有甚麼啟發？我們在聚集的人的熱情接待中，經驗到上帝的同在嗎？基本原則是這樣的：我們的上帝，是歡迎人的上帝，人們在上帝百姓的款待中，經驗到上帝的款待。這是上帝同在的經驗。但上帝還以其他方式，在崇拜中與我們同在。

上帝臨在我們的事奉中。由於信徒皆祭司，我們都是事奉者（ministers）。但我們中間有些人受按立，成為主任牧師（chief minister），這些人是耶穌的事奉的特別記號，代表耶穌來作僕人（servant）。耶穌在我們中間，不是讓我們服事祂，而是祂作我們的牧者，作我們中間的僕人。我們都要像耶穌的事奉那樣，成為服事者。在我們中間成為主任牧師的人，要示範耶穌的事奉，祂透過他們服事。所以當有人問：「你在那崇拜羣體中有沒有經驗到上帝的同在？」答案可能是：「啊，有！那牧師是很好的僕人，透過他或她的事奉，基督特別與我同在。」上帝的同在，在我們中間的牧者可見、有形的記號中，為人所知。

還有聖經這本十分特別的書。這是上帝的書，是上帝在會眾中活著的聲音。它說出智慧的話；它譴責我們、引導我們、安慰我們。我們必須閱讀、傳講、教導它。透過聖經，上帝在我們中間可見、有形地同在，以致當我們問：「你在那崇拜羣體中有沒有經驗到上帝的同在？」答案應該是：「啊，有！上帝存在於祂的道的誦讀和傳講中。我就像坐在祂腳前，祂彷彿親自與我交談。」

上帝也透過水、油、餅和酒的記號同在。施行洗禮、膏油或聖餐的禮儀，是同在的有力時刻。施行這些聖禮的人，需要視其為耶穌施洗、膏抹或祝福餅和酒，是耶穌看著我們的雙眼說：「這是我們身體，為你們而捨。這是我的血，為你們而流。」崇拜者應該說：「我今天遇到耶穌。祂存在於水、膏油、餅和酒中。」

這些和其他聖靈以「演示的方式」（performative ways）使用的記號及象徵，代表上帝在我們中間的同在。星期日成了最特別的日子。在記號裏面，並透過記號，我們向上帝開放自己的心。當我們的生命向上帝傳達的轉化開放時，我們得到上帝的同在。

星期日預期上帝在新天新地的救贖工作完成

上帝的故事有快樂的結局。它實際上是人類存在的戲劇。它不單是上帝創造的故事，也是上帝參與創造，透過基督的生命、死亡、復活，拯救創造的故事，它還是歷史的終結，並自此以後永遠的故事。廣泛來說，戲劇有兩類——悲劇和喜劇。悲劇沒有結局。在二十世紀六十年代和七十年代初，悲劇十分流行，因為它們表達了當時的虛無主義（nihilism）。我特別記得貝克特（Samuel Beckett）的《等待果陀》（*Waiting for Godot*）。惠頓學院戲劇系上演過這齣話劇，我最小的女兒當時讀小學，也參與其中。我們在家裏排演她的部分。她會說：「我們走吧，」但從沒有甚麼地方要去，因為果陀從沒有來。在今天的後現代世界，沒有將來、沒有地方可去的感覺，再次來襲。電影、戲劇，甚至一些書籍，都表達我們對現時的焦慮以及對將來的恐懼，因為後現代在很多方面都是極端地現代，由虛無的態度模塑，認為現在甚麼也沒有，將來只有虛無。

在這氣氛當中，忠於基督教信仰的星期日崇拜，指向世界的盼望——期待基督到來，最終勝過所有邪惡的力量，永遠除去它們。祂會建立新天新地，祂會永遠掌管祂救贖的受造物，祂創造的一切都會得到祂的平安。因此，我們要在每一個星期日，宣告和演示世界那偉大戲劇的快樂結局，也就是在我們的聖詩、我們的讀經、我們的講道、我們的聖餐中，記念祂，直到祂再來（林前十一 26）。

因此常年期的星期日並不平常。它們踐行真理、它們踐行世界歷史、它們踐行人類存在的意義。在這樣做時，我們透過記念上帝拯救的大能作為、透過記號和象徵，經驗上帝的同在，並預期歷史有好的結局，在屬靈上得到故事中的故事形塑。

常年期的主題

我們看到，非常年期的主題由每個節期的特別拯救事件決定。這些主題是固定的，配合這些主題的經文也是固定的。

在常年期，那主題是上帝的拯救事件。計劃崇拜的人和講員，有更多彈性在救恩歷史這個大主題之內，選擇不同的聖經主題。在教會年曆的不同經課中，這彈性是明顯的。在常年期，經課提議講道持續講述聖經某些書卷。跟隨聖經某一卷書的崇拜和講道，稱為 *Lectio Continua*。福音派喜歡這種講道取向。事實上，一連串關於羅馬書或其他聖經書卷的講道，特別有助於認識聖經，很多福音派教會都成功地沿用這種做法。

我認為透過教會年曆形塑教會靈性的一個有效方法，是沿用由將臨期到聖靈降臨期的經課經文，然後在常年期採用聖經其中一卷書。經課提議了一些要講解的書卷，但我認為在這個節期依從你的興趣，或照顧教會特別的需要，用一系列講道處理一個特別的主題或真理，也是合適的。

在聖靈降臨期的常年期主日，也會歡慶一些特別的日子。第一個是三一主日（Trinity Sunday），這是聖靈降臨期的第一個主日，我們確實應該歡慶它。在聖靈降臨節，彼得宣告耶穌是彌賽亞和主（徒二 36），而且聖靈在那天降臨。基督教會沿襲聖靈降臨節的經驗，委身於經驗和理解三一上帝，但大部分講員都很少傳講這個題目。一年一次向會眾講述三一信仰和崇拜這種操練，是有幫助，甚至是必須的。我說**必須**，因為在今天新紀元一元論（monism），以及伊斯蘭獨一性（oneness）的世界，基督徒不單需要知道關於三一上帝的「**為甚麼**」（the why），也需要認識自我按上帝的形象受造的屬靈理解，以及基督徒羣體反映父、子、聖靈的永恆、團契關係的意義。

常年期的第二個重要的星期日是諸聖日（All Saints' Day），它總是在萬聖節後的週末。萬聖節是諸聖記念日的世俗化。在今天的世界，很多父母都因為萬聖節慶祝中的超自然元素而感到驚恐。對萬聖節的陰間主題一個好的解毒劑，是回到諸聖日的真正意義——歡慶上帝百姓的生命和見證，他們為我們示範了一種與上帝的關係。每個小孩都應該學會背誦的一首偉大聖詩，是《為眾聖徒》（*For All the Saints*）。在諸聖日唱這首聖詩，在這特別的場合，傳講那些我們記念的人的模範生命。

感恩節（Thanksgiving Day）也可以變成特別的星期日歡慶。它與舊約的收成節（Feast of the Harvest）相似，可以連繫到在那節期感謝上帝。在將臨期前最後一個星期日，教會歡慶基督君王節（Feast of Christ the King），或稱為基督掌權節（Feast of the Reign of Christ）。這是十分重要的節日，我們不應該忽視。基督君王節，恰當引入將臨期，將臨期始於終末地渴望新天新地。

基督君王節源自現代。它在一九二五年設立，作為抗衡現代世界世俗化的方式。現在比以前更需要它，因為聖誕節充斥著消費主義，擠掉這節期的真正意義。藉著指出基督最終統領世上萬民、統領萬國，以及整個宇宙，教會裝備百姓以正確的心智對待聖誕節——嬰兒來為我們的罪死，制伏所有邪惡力量，作主掌管祂整個創造！在這期望中，我們在屬靈上得到形塑。藉著向基督屈膝，我們邀請那位宇宙歷史的主宰，在我們心裏和生命中居住，現在，並在我們思想、感覺、行動的每一刻，作我們生命的主。[1]

結論

我嘗試指出常年期並不那麼平常。非常年期歡慶耶穌的出生、生平、死亡、復活這些特定的拯救事件，常年期的星期日則歡慶上帝所有拯救事件。計劃崇拜的人和講員，需要思想每個星期日怎樣服事整個故事，同時教導源自故事的一個特定主題。有意識、刻意、特意地思想整個故事和故事的一部分，在同一個崇拜中歡慶，能影響崇拜者的屬靈模塑。

整個故事令我們留在基督的視象中（Christian vision），包括其創造、墮落、道成肉身、死亡、復活、再來。對特定教義、倫理、使命或社會行動的特別強調，令我們的信仰集中在體現真理，以及見證上帝國度的行動。

表9：聖靈降臨期的靈性總結

主題	屬靈重點
常年期的主題是甚麼？	常年期的主題是每個星期日紀念耶穌基督的死亡和復活。
為甚麼星期日在初期教會稱為「第八日」？	在一星期的第一日（星期日），上帝創造天地。在安息日（星期六），上帝休息。在星期日，基督從死裏復活，重新開始創造。因此第七日（星期六）和復活那日（星期日），是世界新的開始（第八日）。
星期日關乎甚麼？	它記念上帝在歷史中的拯救工作。 它經驗上帝更新的同在。 它預期上帝在新天新地的救贖工作。
在常年期有些甚麼特別的星期日？	三一主日、諸聖日、基督君王節。

常年期的禱告

主啊，求祢記念祢在我們裏面所作的，而不是我們所配得的事。祢曾呼召我們服事祢，求祢使我們和祢的呼召相稱。藉賴我們的主耶穌基督而求；聖子和聖父、聖靈，惟一上帝，一同永生，一同掌權，永世無盡。阿們。

選自《公禱書》

思考問題

1. 你的星期日崇拜，有沒有指向記念上帝拯救的大能作為？
2. 第八天的意象，怎樣幫助你取得對世界歷史的一種基督教視野？
3. 你會怎樣活出聖靈降臨期的靈性？

常年期的崇拜和講道資源

參 Robert Webber, ed., *The Services of the Christian Year*, vol. 5 of *The Complete Library of Christian Worship* (Peabody, MA: Hendrickson, 1994), 427～95。

- 聖靈降臨期主日的崇拜
- 聖靈降臨期的節期資源
- 教會年曆其他記念的資源

跋

現在我們來到《時間：歷久常新》這本書的結尾，我必須問：你怎樣踐行時間？時間在你生命中，是限制（constraint）還是節奏（rhythm）？

我恐怕對包括我在內的很多人來說，時間都只是限制。我常常希望自己有更多時間。如果我有更多時間，那演講會預備得更好；那手稿會完成；與配偶、孩子、孫子孫女、鄰居、同事的關係會更好。對我們很多人來說，每天太少小時，一星期太少日子，一個月太少星期。今年過去了，我們希望完成的計劃還沒有完成。啊，時間的暴虐！它快速地移動，很快，它成為昨天，永不重複、永遠不能追回，令盼望破滅。

但對時間還有另一種取向，能避免限制的暴虐。在這踐行中，時間不是限制，而是釋放。那是經驗「作為節奏的時間」之時。我們在初期教會和歷代默觀者的教導中，找到這種時間的踐行。我相信可以借鑑古人對時間的踐行，在我們繁忙的世界中，學習生活在釋放的時間的節奏中。

釋放的時間，始於日子的節奏。日常時間的節奏的根源，在於聖殿崇拜這個猶太傳統（參徒三1）。這節奏變成基督徒對日子的經驗。例如：希坡律陀在三世紀初寫成的《使徒傳統》中，報告以下每天禱告的節奏：

上午九時	默想基督的受苦，因為在這一刻，基督被掛在木頭上。
正午	默想基督的受苦，因為在這一刻，整個創造都變成黑暗。
下午三時	默想基督的死亡，因為在這一刻，祂死了。[1]

何不將初期教會的原則轉化，將我們的日子模塑成有意識的基督徒節奏，進行每日的靈修？藉著在上午九時、正午、下午三時記念基督在十字架上的工作，我們會在人類歷史最重要的事件的節奏中，經驗每一日。在這些時間以外，加上在起牀時記念創造，以及在休息時預期新天新地和主再來，一日的節奏，便能表達整個歷史的輪廓。

接著，時間的節奏經驗來到星期日的崇拜。我已經提過星期日作為記念上帝在歷史中的拯救行為，以及預期上帝在新天新地中將歷史帶向高峯的重要性。星期日仍然是一星期的其中一日，我們進行那天的靈修之餘，可以額外加上一小段時間，讓我們在那天思想星期日的意義。星期日不單是記念創造和救贖，以及前瞻新天新地的日子，也是基督徒羣體聚集，歡慶歷史和人類存在的意義的日子，這意義是透過耶穌基督詮釋的。那是第八日，是上帝從祂創造的工作休息的日子，以及在創造走向主再來的最後救贖時刻之時，我們歡慶上帝給創造新的開始的日子。因此，星期日不單讓我們停下來記念，也讓我們實際宣告和演示上帝拯救的大能作為，榮耀上帝。因為透過這一天，所有時間和所有歷史，都得到意義。

最後，教會年曆的節奏，特別是由將臨期到聖靈降臨期這非常年期的節奏，將引導基督徒經過不同的時間和情感。正如我們看到：

將臨期是**等候**的時候。
聖誕期是**歡欣**的時候。
顯現期是**見證**的時候。
預苦期是**悔改和更新**的時候。

偉大的三天是**進入死亡**的時候。

復活期是**表達復活生命**的時候。

聖靈降臨期是**學習和佈道**的時候。

當然，我們在任何時間都要踐行所有這些基督教節期。但基本原則是：在特別時間進行個別踐行，並隨時促進我們的基督徒經驗，給這經驗能力。

我相信踐行基督教時間——在個人和教會方面——會建立一種時間的節奏，能夠釋放我們。它會釋放我們脫離時間作為邪惡的力量，主宰我們的生命；時間變成給我們自由，使我們活在耶穌的死亡和復活的節奏中——這個樣式會在不止息的靈性中保守我們。

註　釋

第一章

1. James Rowe, "I Would Be Like Jesus," 1912.（中譯參宣道出版社出版的《生命聖詩》第 245 首。）
2. Adolf Adam, *The Liturgical Year: Its History and Its Meaning after the Reform of the Liturgy*（Collegeville, MN: Liturgical Press, 1992）, vii.
3. Robert Taft, *Beyond East and West: Problems in Liturgical Understanding*（Washington, DC: Pastoral Press, 1984）, 4.
4. Taft, *Beyond East and West*, 32.
5. Adam, *The Liturgical Year: Its History and Meaning*, 40.
6. "The Constitution on the Sacred Liturgy," no. 106, in *Documents of Vatican II*, ed. Austin P. Flannery（Grand Rapids, MI: Eerdmans, 1975）, 29～30.
7. "The Constitution on the Sacred Liturgy," no. 106, 29.
8. Adrian Nocent, *The Liturgical Year: Advent, Christmas, Epiphany*（Collegeville, MN: Liturgical Press, 1977）, 15.
9. St. Leo the Great, *Sermo* 37, 1（CCL 138A: 307）, quoted in Nocent, *The Liturgical Year: Advent, Christmas, Epiphany*, 17.

第二章

1. *Rorate Caeli* 這名稱來自以賽亞書四十五章 8 節，是基督徒以以賽亞書六十四章為基礎的默想。
2. Irenaeus, *Against Heresies*, Book V, 19, in Cyril Richardson, *Early Christian Fathers*（Philadelphia: Westminster Press, 1953）, 389 ~ 390.
3. Eucharistic Prayer D, *The Book of Common Prayer*（New York: Seabury Press, 1979）, 374.
4. "O Come, O Come, Emmanuel," trans. John M. Neale, 十三世紀拉丁聖詩。（中譯參宣道出版社出版的《生命聖詩》第 106 首。）

第三章

1. Leo the Great, *Sermo* 29, 1 (CCL 138: 147), quoted in Nocent, *The Liturgical Year: Advent, Christmas, Epiphany*, 190.
2. "O Come, O Come, Emmanuel."
3. "O Come, O Come, Emmanuel."
4. *The Book of Common Prayer,* 161.
5. Aurelius C. Prudentius, "Of the Father's Love Begotten", trans. John M. Neale (1854) and Henry W. Baker (1859), 十四世紀聖詩。
6. *The Book of Common Prayer*, 366.
7. Irenaeus, *Against Heresies*, in Richardson, *Early Christian Fathers*.
8. *Book of Divine Prayers and Services of the Catholic Orthodox Church of Christ*, comp. Reverend Seraphim Nassar (Englewood, NJ: Antiochene Orthodox Christian Archdiocese of North America, 1979).
9. *Book of Divine Prayers and Services of the Catholic Orthodox Church of Christ*, 393.

10. L. Brou, "Saint Gregoire de Naziance et L'ancienne *mirabile mysterium* des Laudes de la Circoncision," *Ephemerides Liturgicae* 58 (1944), quoted in Nicent, *The Liturgical Year: Advent, Christmas, Epiphany*, 204.
11. *The Sacramentary* (New York: Catholic Book Publishing, 1985), 37.
12. French trans. by Gouillard, *Petite Philocalie* (Paris: Editions des Cahiers du Sud, 1953), 58, quoted in John Meyendorff, *St. Gregory Palamas and Orthodox Spirituality* (Crestwood, NY: St. Vladimir's Seminary Press, 1974), 24.

第四章

1. Charles Coffin, "What Star Is This, With Beams So Bright?" (Chicago: Covenant Press, 1973).
2. *The Book of Common Prayer*, 162.
3. St. Gregory of Nyssa, *The Bible and the Liturgy*, trans. Jean Cardinal Danielou, quoted in Nocent, *The Liturgical Year: Advent, Christmas, Epiphany*, 279.
4. *Book of Divine Prayers and Services*, 467～468.
5. R.M. French, trans., *The Way of the Pilgrim* (New York: Seabury Press, 1965), 8～9.
6. Nicodemus of the Holy Mountain, ed., *Unseen Warfare*, rev. Theophan the Recluse (Crestwood, NY: St. Vladimir's Seminary Press, 2000), 215～218.

第五章

1. *The Book of Common Prayer*, 264.
2. *The Book of Common Prayer*, 264～265.（中譯取自台灣聖公會《公禱

書》，頁 178～179。）

3. *The Book of Common Prayer*, 265.
4. 參 “The Liturgy of Penitence,” *The Book of Common Prayer*, 267～69。
5. *The Book of Common Prayer*, 268.（中譯取自台灣聖公會《公禱書》，頁 182。）
6. *The Book of Common Prayer*, 268.（中譯取自台灣聖公會《公禱書》，頁 182～183。）
7. *The Book of Common Prayer*, 268.（中譯取自台灣聖公會《公禱書》，頁 183。）
8. 參 Alexander Schmemann, *Great Lent* (Crestwood, NY: St. Vladimir's Seminary Press, 1969)。
9. *Didache* 7. 參 Cyril Richardson, *Early Christian Fathers*, 174。
10. 參 *The Book of Common Prayer*, 302～303。（中譯取自台灣聖公會《公禱書》，頁 214。）
11. St. Ephrem the Syrian, quoted in Schmemann, *Great Lent*, 34。
12. 參 The service for Palm Sunday in *The Book of Common Prayer*, 270.
13. *The Book of Common Prayer*, 271.
14. Theodulph of Orleans, “All Glory, Laud and Honor,” trans. John M. Neale.
15. *The Book of Common Prayer*, 272.
16. *The Book of Common Prayer*, 363.
17. Venatius Fortunatus, “The Royal Banners Forward Go,” trans. John M. Neale.（中譯參基督教文藝出版社出版的《普天頌讚》（新修訂版）第 242 首。）

第六章

1. St. Ambrose, quoted in Adrian Nocent, *The Liturgical Year: The Easter*

Season (Collegeville, MN: Liturgical Press, 1977), 28.

2. *The Book of Common Prayer*, 274.
3. *The Book of Common Prayer*, 275.
4. 關於濯足日崇拜的範例，參 Robert Webber, ed., *The Services of the Christian Year*, vol. 5 of *The Complete Library of Christian Worship* (Peabody, MA: Hendrickson, 1994), 317～334。
5. 關於十架苦路崇拜，參 Webber, ed., *The Services of the Christian Year*, 358～363。
6. 關於受難日崇拜，特別是尊崇十架，參 Webber, ed., *The Services of the Christian Year*, 335～348。
7. 關於逾越節守夜崇拜，參 Webber, ed., *The Services of the Christian Year*, 373～396。

第七章

1. Adolf Harnack, *What Is Christianity?* (reprint, New York: Harper and Row, 1957), 160.
2. Greg Wilde, 與作者的電郵通訊，二〇〇三年五月十六日。
3. Melito of Sardis, quoted in G.F. Hawthorne, ed., *Current Issues in Biblical and Patristic Interpretation* (Grand Rapids, MI: Eerdmans, 1975), 173.
4. St. Leo the Great, quoted in Nocent, *The Liturgical Year: The Easter Season*, 173～174.
5. David Bunker, lecture delivered at Northern Baptist Seminary, 29 April 2003.
6. 關於復活期的資源，參 Webber, ed., *The Services of the Christian Year*, 407～426。
7. St. Leo the Great, quoted in Nocent, *The Liturgical Year: The Easter Season*, 233.

8. 關於升天的資源，參 Webber, ed., *The Services of the Christian Year*, 413～415。
9. 關於聖靈降臨的資源，參 Webber, ed., *The Services of the Christian Year*, 427～456。

第八章

1. 關於常年期的資源，參 Robert Webber, ed., *The Services of the Christian Year*, 457～492。

跋

1. 參 Burton Scott Easton, *The Apostolic Tradition of Hippolytus* (Hamden: Archon Books, 1962), 20。

參考書目

一般資源

參考著作

Hickman, Hoyt. L., Don E. Saliers, Laurence Hull Stookey, and James F. White. *The New Handbook of the Christian Year*. Nashville: Abingdon, 1992.

Webber, Robert, ed. *The Service of the Christian Year*. Vol.5 of *The Complete Library of Christian Worship*. Peabody, MA: Hendrickson, 1994.

教父著作

Barnecut, Edith, ed. *Journey with the Fathers*. 2 vols. *Commentaries on the Sunday Gospel*. Hype Park, NY: New City Press, 1993.

Forell, George W. *The Christian Year: Sermons of the Fathers*. 2 vols. New York: Nelson, 1965.

Halton, Thomas, and Thomas Carrol. *Liturgical Practice in the Fathers*. Wilmington, DE: Glazier, 1988.

導引及研究著作

Adam, Adolf. *The Liturgical Year: Its History and Its Meaning after the Reform of the Liturgy*. Collegeville, MN: Liturgical Press, 1992.

Blackburn, Bonnie, and Leofranc Holford-Stevens. *The Oxford Companion of the Year: An Exploration of Calendar Customs and Time-Reckoning*. Oxford: Oxford University Press, 1999

Bosch, Paul. *Church Year Guide*. Minneapolis: Augsburg, 1987.

Chilton, Bruce. *Redeeming Time*. Peabody, MA: Hendrickson, 2002.

Hynes, Mary Ellen, et al. *Companion to the Calendar: A Guide to the Saints and Mysteries of the Christian Calendar*. Chicago: Liturgy Training Publications, 1993.

Liturgical Year: The Worship of God. Supplemental Liturgical Resources 7. Louisville: Westminster / John Knox, 1992.

Martimort, A. G., Irenee Henri Dalmais, and Pierre Jounel. *The Church at Prayer: The Liturgy and Time*. London: Geoffrey Chapman, 1983.

Metford, J. C. J. *The Christian Year*. London: Thomas and Hudson, 1991.

Monk of the Eastern Church. *The Year of the Grace of the Lord: A Scriptural and Liturgical Commentary on the Calendar of the Orthodox Church*. Crestwood, NY: St. Vladimir's Seminary Press, 1980.

Talley, Thomas J. *The Origins of the Liturgical Year*. New York: Pueblo Publishing, 1986.

Whalen, Michael D. *Seasons and Feasts of the Church Year: An Introduction*. New York: Paulist, 1993.

White, James F. *Introduction to Christian Worship*. Rev. ed. Nashville, TN: Abingdon, 1990. Chapters 2 and 4.

教會年曆相關著作

Belisle, Augustine. *The Wheel of Becoming*. Petersham, MA: St. Bede's Publications, 1987

Cowie, L. W., and John Selwyn Gummer: *The Christian Calendar: A Complete Guide to the Seasons of the Christian Year Telling the Story of Christ and the Saints from Advent to Pentecost*. Springfield, MA: G & C Merriam Company, 1974.

Every, George, Richard Harries, and Kallistos Ware, eds. *The Time of the Spirit: Readings through the Christian Year*. Crestwood, NY: St. Vladimir's Seminary Press, 1984.

Halmo, Joan. *Celebrating the Church Year with Young Children*. Collegeville, MN: Liturgical Press, 1988.

Hammerton, Kelly, and Robert Hammerton. *Spring Time: Seasons of the Christian Year*. Nashville, TN: Upper Room, 1980.

Johnson, Lawrence, ed. *The Church Gives Thanks and Remembers: Essays on the Liturgical Year*. Collegeville, MN: Liturgical Press, 1984.

Johnson, Maxwell E. *Between Memory and Hope: Reading on the Liturgical Year*. Collegeville, MN: Liturgical Press, 2000.

Kay, James E. *Seasons of Grace: Reflections from the Christian Year*. Grand Rapids, MI: Eerdmans, 1994.

L'Engle, Madeleine. *The Irrational Season*. New York: Crosswicks, 1977.

The Liturgical Year: Celebrating the Mystery of Christ and His Saints. Washington, DC: Bishops Committee on the Liturgy, United States Catholic Conference, 1985.

Nardone, Richard M. *The Story of the Christian Year*. New York: Paulist, 1991.

Nocent, Adrian. *The Liturgical Year*. 4 vols. Collegeville, MN: Liturgical Press, 1977.

O'Driscoll, Herbert. *A Year of the Lord: Reflections of the Christian Faith from the Advent of the Christ Child to the Reign of Christ as King*. Wilton, CT: Morehouse-Barlow, 1986.

Peterson, Eugene, and Emilie Griffin, eds. *Epiphanies: Stories for the Christian Year*. Grand Rapids: Baker, 2003.

Porter, Boone H. *Keeping the Church Year*. New York: Seabury, 1977.

Power, David, ed. *The Times of Celebration*. Concillium No. 142. New York: Seabury, 1981.

Preston, Geoffrey. *Hallowing the Time*. New York: Paulist, 1980.

Stookey, Laurence Hull. *Calendar: Christ's Time for the Church*. Nashville, TN: Abingdon, 1996.

Toulson, Shirley. *The Celtic Year: A Celebration of Celtic Christian Saints, Sites and Festivals*. Rockport, MA. Element, 1993.

Westerhoff, John H., III. *A Pilgrim People: Learning through the Church Year*. New York: Seabury, 1984.

Wilde, James A., ed. *At That Time: Cycles and Seasons of the Christian Year*. Chicago: Liturgy Training Publications, 1989.

計劃及帶領教會年曆崇拜的資源

計劃教會年曆崇拜

Hartgen, William E. *Planning Guide for Lent and Holy Week*. Glendale, AZ: Pastoral Arts Associates, 1979.

Mitchell, Lionel L. *Planning the Church Year*. Harrisburg, PA: Morehouse Publishing, 1991.

禱告著作

Book of Common Prayer. New York: Church Hymnal Crop., 1979.

Book of Common Worship. Louiseville: Westminster / John Know, 1992.

Book of Divine Prayers and Services of the Catholic Orthodox Church of Christ. Complied and arranged by the late Reverend Seraphim Nassar. Englewood, NJ: Antichene Orthodox Christian Archdiocese of North America, 1979.

Book of Occasional Services: The Proper for Lesser Feasts and Fasts. New York: Church Hymnal Corp., 1990.

Book of Worship: United Church of Christ. New York: United Church of Christ, 1986.

Lutheran Book of Worship. Minneapolis: Augsburg, and Philadelphia: Board of Publication, Lutheran Church in America, 1978.

Pfatteicher, Philip H. *Festival and Commemorations*. Minneapolis: Augsburg, 1980.

Pray to the Lord. New York: Reformed Church Press, 1988.

The Roman Missal: Lectionary for Mass. New York: Catholic Book Publishing, 1970.

The Roman Missal: The Sacramentary. New York: Catholic Book Publishing, 1974.

Seasons of the Gospel: Resources for the Christian Year. Nashville, TN: Abingdon, 1979.

The United Methodist Book of Worship. Nashville, TN: United Methodist

Publishing House, 1992.

Worship Resources. Worship Series No. 12. Newton, KS: Mennonite Publishing House, 1978.

經課

Borsch, Frederick Houk. *Introducing the Lessons of the Church Year: A Guide for Lay Leaders and Congregations*. New York: Seabury, 1978.

Companion to the Lectionary. 4 vols. London: Epworth Press, 1987.

Every, George, Richard Harries, and Kallistos Ware, eds. *The Time of the Spirit: Readings through the Christian Year*. Crestwood, NY: St. Vladimir's Seminary Press, 1984.

Jarrell, Stephen T. *Guide to the Sacramentary*. Chicago: Liturgy Training Publications, 1983.

Lathrop, Gordon, and Gail Ramshaw Schmidt. *Lectionary for the Christian People*, 3 vols. Cycle A, B, C. New York: Pueblo Publishing, 1986, 1987, 1988.

Mills, Douglas W. *A Daily Lectionary: Scripture Reading for Every Day Based on the New Common Lectionary*. Nashville, TN: Upper Room, 1986.

Ramshaw, Gail. *Richer Fare: Reflections on the Sunday Reading of Cycles A, B, C*. New York: Pueblo Publishing, 1990.

Wood, Geoff. *Living the Lectionary: Links to Life and Literature*. Year C. Chicago: Liturgy Training Publications, 2003.

講道

Achtemeier, Elizabeth Rice. *Preaching and Reading the Old Testament Lessons:*

With an Eye to the New. 3 vols. Cycle A, B, C. Lima, OH: CSS Publishing, 1991 ~ 1993.

Alling, Roger, and David J. Schlafer: *Preaching through Holy Days and Holidays. Harrisburg*, PA: Morehouse, 2003.

Bergant, Dianne, and Richard Fragomeni. *Preaching the New Lectionary*. 2 vols. Cycle A and B. Collegeville, MN: Liturgical Press, Year B 1999, Year A 2001.

Burger, L. W., B. A. Miller, and D. J. Smit. *Sermon Guides for Preaching in Easter, Ascension, and Pentecost*. Grand Rapids, MI: Eerdmans, 1988.

Craddock, Fred B., John H. Hayes, Carl R. Holladay, and Gene M. Tucker. *Preaching through the Christian Year*. 3 vols. Philadelphia: Trinity Press International, 1992.

Days of the Lord: The Liturgical Year. 7 vols. Collegeville, MN: Liturgical Press, 1991 ~ 1994.

Dozeman, Thomas, Kendall McCabe, and Marion Soards, *Preaching the Revised Common Lectionary*. 12 vols. Nashville, TN: Abingdon, 1992 ~ 1993.

Duckworth, Robin. *This Is the Word of the Lord*. 3 vols. London: Bible Reading Fellowship and New York: Oxford University Press, 1982.

Fuller, Reginald. *Preaching the Lectionary: The Word of God for the Church Today*. Collegeville, MN: Liturgical Press, 1984.

Hessel, Dieter T. *Social Themes of the Christian Year*. Philadelphia: Geneva Press, 1983.

Lowry, Eugene. *Living with the Lectionary*. Nashville, TN: Abingdon, 1992.

Maestri, William F. *Grace Upon Grace: Biblical Homilies for Sunday and Holy Days*. Cycles A, B, and C. New York: Alba House, 1988.

Maly, Eugene H. *The Word Alive: Commentaries and Reflections on the*

Scripture Readings for all Sundays, Solemnities of the Lord, Holy Days, and Major Feasts of the Three Year Cycle. New York: Alba House, 1982.

Ramshaw, Gail, ed. *Homiletics for Christian People*. Cycle A, B, and C. New York: Pueblo Publishing, 1989.

The Revised Common Lectionary. Consultation on Common Texts. Nashville, TN: Abingdon, 1992.

Walker, Michael. *From Glory to Glory: Biblical Reflections from Advent to the Feast of Christ the King*. London: Collins Liturgical Press, 1978.

讀經和祈禱

Cones, Bryan M. *Daily Prayer: A Book of Prayer, Psalms, Sacred Readings and Reflections in Tune with the Seasons, Feasts, and Ordinary Days of the Year*. Chicago: Liturgy Training Publications, Published yearly.

Crouch, Timothy J., Nancy B. Crouch, Christ Vismanis, and Mark R. Babb. *And Also with You*. 3 vols. Cleveland: OSL Publications, 1992～1994.

Daily Prayer: The Worship of God. Prepared by the office of worship for the Presbyterian Church (U.S.A.) and the Cumberland Presbyterian Church. Philadelphia: Westminster Press, 1987.

Deiss, Lucien. *Come Lord Jesus: Biblical Prayers with Psalms and Scripture Readings*. Chicago: World Library Publications, 1981.

Duck, Ruth C. *Bread for the Journey: Resources for Worship*. New York: Pilgrim Press, 1981.

______. *Flames of the Spirit*. New York: Pilgrim Press, 1987.

______. *Touch Holiness*. New York: Pilgrim Press, 1990.

Hostettler. B. David. *Psalms and Prayers for Congregational Participation*. 3

vols. Lima, OH: CSS Publishing, 1985.

Karay, Diane. *All the Seasons of Mercy*. Philadelphia: Westminster Press, 1987.

Kirk, James G. *When We Gather: A Book of Prayers for Worship*. 3 vols. Philadelphia: Geneva Press, 1985.

Konstant, David. *Bidding Prayer for the Church's Year*. Great Wakering, Essex, U.K.: Mayhew-McCrimmon Press, 1976, 1982.

O'Donnell, Michael. *Lift up Your Hearts*. 3 vols. Cleveland: OSL Publications, 1989～1991.

Perham, Michael. *Enriching the Christian Year*. Collegeville, MN: Liturgical Press, 1993.

Pfatteicher, Philip H. *Festivals and Commemorations*. Minneapolis: Augsburg, 1980.

The Proper for the Lesser Feasts and Fasts Together with the Fixed Holy Days. 4th ed. New York: Church Hymnal Corp., 1988.

Shepherd, Massey H. *A Liturgical Psalter for the Christian Year*. Minneapolis: Augsburg, 1976.

Tilson, Everett, and Phyllis Cole. *Liturgies and Other Prayers for the Revised Common Lectionary*. 3 vols. Nashville, TN: Abingdon, 1992～1994.

Webber, Robert. *The Book of Family Prayer*. Peabody, MA: Hendrickson, 1986.

音樂、藝術

Bone, David L., and Mary J. Scifres. *The United Methodist Music and Worship Planner*. Nashville, TN: Abingdon, 1992.

Christian Worship: A Lutheran Hymnal Milwaukee: Northwestern Publishing House, 1993.

Erspamer, Steve. *Clip Art for Year A*. Chicago: Liturgy Training Publications, 1992.

The Hymnal, 1982: According to the Use of the Episcopal Church. New York: Church Hymnal Corp., 1985.

Lonneman, Julie. *Clip Art for Sundays and Solemnities*. Chicago: Liturgy Training Publications, 2003.

Psalter Hymnal. Grand Rapids, MI: CRC Publications, 1987.

Schmidt, Clements. *Clip Art for the Christian Year*. Collegeville, MN: Liturgical Press, 1988.

Troeger, Thomas, and Carol Doran. *New Hymns for the Lectionary to Glorify the Maker's Name*. New York: Oxford University Press, 1986.

Wetzler, Robert, and Helen Huntington. *Seasons and Symbols: A Handbook on the Church Year*. Minneapolis: Augsburg, 1962.

The Worshiping Church: A Hymnal. Carol Stream, IL: Hope Publishing, 1990.

光的週期和生命的週期的特別資源

光的週期：將臨期、聖誕期、顯現期

Brokhoff, John R. *Advent and Event*. Lima, OH: CSS Publishing, 1980.

Brown, Raymond E. *An Adult Christ for Christmas*. Collegeville, MN: Liturgical Press, 1977.

______. *A Coming Christ in Advent*. Collegeville, MN: Liturgical Press, 1988.

Buckland, Patricia. *Advent to Pentecost*. Wilton, CT: Morehouse-Barlow, 1979.

Griffins, Eltin, ed. *Celebrating the Season of Advent*. Collegeville, MN: Liturgical Press, 1986.

Groh, Dennis E. *In Between Advents*. Philadelphia: Fortress, 1986.

Hopko, Thomas. *The Winter Pascha: Reading for the Christmas-Epiphany Season*. Crestwood, NY: St. Vladimir's Seminary Press, 1984.

Irwin, Kevin W. *Advent-Christmas: A Guide to the Eucharist and the Hours*. New York: Pueblo Publishing, 1986.

Kirk, James G. *Meditations for Advent and Christmas*. Louiseville: Westminster/ John Knox, 1989.

Payne, Donna W., and Fran Zeno. *The Handel's Messiah Family Advent Reader*. Chicago: Moody Press, 1999.

Perham, Michael, and Kenneth Stevenson. *Welcoming the Light of Christ*. Collegeville, MN: Liturgical Press, 1991.

The Promise of His Glory: Services and Prayers for the Season from All Saints to Candlemas. Collegeville, MN: Liturgical Press, 1991.

Rest, Friedrich. *Our Christmas Worship*. Lima, OH: CSS Publishing, 1985.

Simcoe, Mary Ann, ed. *A Christmas Source Book*. Chicago: Liturgy Training Publications, 1984.

生命的週期：預苦期、受難週、逾越三天、復活期

Aho, Gerhard, Kenneth Rogahn, and Richard Hapfer. *Glory in the Cross: Fruit of the Spirit from the Passion of Christ*. St. Louise: Concordia Press, 1984.

Akehurst, Peter R. *Keeping Holy Week*. Brancote, Notts, U.K.: Grove Books, 1976.

Berger, Rupert, and Hans Hollerweger, eds. *Celebrating the Easter Vigil*. Translated by Matthew J. O'Connell. New York: Pueblo Publishing, 1983.

Boyer, Mark G. *Mystagogy*. New York: Alba House, 1990.

Chilson, Richard. *A Lenten Pilgrimage*. New York: Paulist, 1981.

Cotter, Theresa. *What Color Is Your Lent?* Cincinnati, OH: St. Anthony Messenger Press, 1987.

Crichton, J. D. *The Liturgy of Holy Week*. Leominster, Herefordshire, U.K.: Fowler Wright Books, 1983.

Flood, Edmund. *Making More of Holy Week*. New York: Paulist, 1983.

Freeman, Eileen Elizabeth. *The Holy Week Book*. San Jose, CA: Resource Publications, 1979.

Greenacre, Roger, and Jeremy Haselock. *The Sacrament of Easter*. Leominster, Hereforeshire, U.K.: Gracewing Publications, 1989.

Hopko, Thomas, *The Lenten Spring*. Crestwood, NY: St. Vladimir's Seminary Press, 1983.

Huck, Gabe. *The Three Great Days*. Chicago: Liturgy Training Publications, 1981.

Huck, Gabe, Gail Ramshaw, and Gordon Lathrop, eds. *An Easter Source Book: The Fifty Days*. Chicago: Liturgy Training Publications, 1988.

Huck, Gabe, and Mary Ann Simcoe. *A Triduum Source Book*. Chicago: Liturgy Training Publications, 1983.

MacGregor, A. J. *Fire and Light in the Western Triduum: Their Use at Tenebrae and at Paschal Vigil*. Collegeville, MN: Liturgical Press, 1992.

Manning, Michael. *Pardon My Lenten Smile*. New York: Alba House, 1976.

Nouwen, Henri. *Walk with Jesus: Stations of the Cross*. Maryknoll, NY: Orbis Books, 1990.

Schmemann, Alexander. *Great Lent: Journey to Pascha*. Crestwood, NY: St. Vladimir's Seminary Press, 1974.

Stevenson, Kenneth. *Jerusalem Revisited: The Liturgical Meaning of Holy*

Week. Washington, DC: Pastoral Press, 1984.

Thompson, William. *Hands of Lent*. Lima, OH: CSS Publishing, 1989.

Wangerin, Walter. *Reliving the Passion*. St. Louis: Creative Communication for the Parish, 1988.

緊扣時代 服事教會

以文字傳揚基督真道

讀者意見表

衷心多謝你購買本社書籍。本社一直致力以出版事工服事教會，幫助信徒扎根於神的話語，促進靈命增長。為使我們的出版更能滿足你的需要，請填寫下列各項資料，並寄回或傳真予本社。

所購書籍：________________________

本書最吸引你的地方：

☐作者　☐適切性　☐文筆　☐設計　☐實用性

☐其他：________________________

購買本書地點：

☐基道書樓　☐基督教書店　☐非基督教書店

性別：☐男　☐女　　職業：________________

信仰：☐基督徒　☐非基督徒

年齡：☐ 16 歲或以下　☐ 17～25 歲　☐ 26～35 歲

☐ 36～55 歲　☐ 56 歲或以上

學歷：☐中三或以下　☐中五　☐預科

☐大學　☐研究院

☐我欲更多了解基道出版社的事工及考慮支持，請寄給我下列資料：

☐機構簡介　☐新書資料　☐基道會員通訊

☐《基道文字事工通訊》

姓名：________________電話：________________

地址：________________________________

____

傳真：________________電子郵件：________________

其他意見：________________________________

____

多謝賜教！

意見表可以傳真（2687-0281）或直接郵寄以下地址：
香港沙田火炭坳背灣街26號富騰工業中心1011室
基道出版社編輯部收